- 国家自然科学基金青年科学基金项目（72402169）
- 教育部人文社会科学研究青年基金项目（24YJC630104）
- 陕西省自然科学基础研究计划青年项目（2023-JC-QN-0797）

"十四五"经济管理学术文库系列

治理机制、公平识别与联盟成功

李林蔚 著

西安交通大学出版社
XI'AN JIAOTONG UNIVERSITY PRESS

图书在版编目(CIP)数据

治理机制、公平识别与联盟成功 / 李林蔚著. — 西安 : 西安交通大学出版社, 2025.1
ISBN 978-7-5693-3678-8

Ⅰ.①治… Ⅱ.①李… Ⅲ.①企业联盟—研究 Ⅳ.①F276.4

中国国家版本馆 CIP 数据核字(2024)第 050712 号

书　　名　治理机制、公平识别与联盟成功
ZHILI JIZHI,GONGPING SHIBIE YU LIANMENG CHENGGONG
著　　者　李林蔚
责任编辑　袁　娟
责任校对　王建洪
封面设计　伍　胜

出版发行　西安交通大学出版社
(西安市兴庆南路 1 号　邮政编码 710048)
网　　址　http://www.xjtupress.com
电　　话　(029)82668357　82667874(市场营销中心)
(029)82668315(总编办)
传　　真　(029)82668280
印　　刷　西安五星印刷有限公司

开　　本　700mm×1000mm　1/16　**印张**　9.75　**字数**　193 千字
版次印次　2025 年 1 月第 1 版　2025 年 1 月第 1 次印刷
书　　号　ISBN 978-7-5693-3678-8
定　　价　68.00 元

如发现印装质量问题,请与本社市场营销中心联系。
订购热线:(029)82665248　(029)82667874
投稿热线:(029)82665379　微信号:yy296728019

前　言 Preface

战略联盟作为企业获取核心竞争优势、迈向国际经济舞台的一种重要战略工具，一直以来被企业广泛采用。然而，如何确保所构建的战略联盟能够达到预期目标，从而最终实现联盟成功，就成为企业界和学术界共同关注的重要话题。在联盟管理实践中，不同的治理机制会影响战略联盟的最终结果。尤其是在联盟运行过程中，不同类型的联盟治理机制影响着联盟的公平感知与识别，从而对联盟结果产生差异化的影响。同时，外部环境的动荡及伙伴行为的不确定性将会改变治理机制通过公平识别对联盟结果的影响效应。因而，阐明治理机制、公平感知和联盟成功之间的关系，选择适当的治理机制以及选择与该治理机制相匹配的过程要素，成为迫切需要解决的关键问题，对深入理解联盟治理机制及其效应具有重要的指导意义。

笔者一直以来专注于联盟治理与管理、社会网络等主题的研究，尤为关注联盟治理机制通过何种路径影响联盟成功的研究。通过近些年的研究积累，笔者对相关问题的认识越来越深刻。因此，有意将近年来的研究成果与更多同行及业内人士分享。

本书首先介绍了本研究所涉及的相关理论，构建了包括治理机制、公平识别、联盟成功、不确定性和伙伴间冲突在内的理论分析框架，阐述了各个变量间关系的逻辑内涵并提出了相应的问题，即：治理机制如何影响联盟成功？何种治理机制更有利于联盟成功？治理机制如何通过公平识别影响联盟成功？不确定性和伙伴间冲突如何调节治理机制与联盟成功关系？不确定性和伙伴间冲突是如何影响公平识别中介作用的？……根据这些问题提出了相应的研究假设。然后，本书采用来自我国410个企业间联盟的双份样本数据，检验本书提出的概念模型与研究假设的可靠性。

本书的编写及相关成果的研究得到了国家自然科学基金青年科学基金项目（72402169）、教育部人文社会科学研究青年基金项目（24YJC630104）、陕西省自然科学基础研究计划青年项目（2023－JC－QN－0797）的资助，对此表示感谢！本书的编撰和出版还得到了家人、朋友和众多同仁的关心和支持，在此一并致谢！

随着全球进入数字化发展阶段，企业间联盟、联盟管理与治理的理论与实践也将呈现出新的特征，还有待于今后对此课题进行更深入的理论探讨和实践检验。如若书中存在不妥之处，敬请学术界同仁和读者给予批评指正。也希望本书所形成的联盟治理机制对联盟成功差异化影响的相关研究结论能够抛砖引玉，对相关学者同仁与行业管理人员有所裨益。

著　者

2024年1月

目 录 Contents

» 第 1 章

引言

■ 1.1 企业间联盟发展的现实背景

近年来，全球经济快速发展，国际竞争日趋激烈，各国企业间组成了星罗棋布、相互交织的战略联盟网络（车密 等，2019；颜少君，2023）。据报道，全球 500 强企业中，平均每家企业大约形成了 60 个主要的战略联盟（Osborn et al.，1997；张彦宁，1998；赵昌平，2005）。在此背景下，中国企业的战略联盟也如雨后春笋般不断涌现，尤其是近年来全球经济、技术与贸易一体化加强，企业间竞争日趋激烈，战略联盟作为企业获取核心竞争优势、迈向国际经济舞台的一种重要战略工具，不断被各类企业广泛使用（何畔，2000；瑞格斯比，2003；钟书华，2004）。与此同时，随着企业战略联盟实践的不断深入，战略联盟学术研究也日趋增多且变得越来越重要（陈菲琼，2003；巫景飞，2007；王可迪 等，2022）。党的十九大报告明确指出："中国开放的大门不会关闭，只会越开越大。"可以预见，中国企业与国内外企业之间的联盟数量还将持续增长。如何确保所构建的战略联盟能够达到预期目标，从而实现最终的联盟成功，将成为企业界和学术界共同关注的重要话题之一，因而也将成为本书研究的重点内容。

对于战略联盟如何取得成功的问题，学者们从治理机制的视角出发，研究了不同类型的治理机制对联盟绩效、联盟目标或者联盟成功等联盟结果的影响（Hoetker et al.，2009；Mesquita et al.，2008a；Poppo et al.，2014；Jiang et al.，2021；杨震宁 等，2023）。在相关研究文献中，学者们通常将联盟治理机制划分为关系治理和契约治理两种类型（Abdi et al.，2017；Cao et al.，2015；威廉森，2001），认为契约治理机制以其强有力的约束性使得各合作伙伴按照既定的规则治理联盟，从而实现联盟成功（Deeds et al.，1999；Reuer et al.，2007）；而关系治理则以发展与合作伙伴之间的友好关系为纽带以实现联盟成功（Bouncken et al.，2012；胡国栋 等，2017；Ireland et al.，2007；Poppo et al.，2008a）。这两种类型的治理机制在战略联盟实践中被广泛运用，且各自存在优缺点，现有文献对此进行过详细论述。概括起来，先前研究指出契约治理与关系治理之间存在"互补""替代"或"并存”(既存在互补又存在替代)等三种关系,代表三种不同的观点(Bstieler et al.,2015;Carson et al.,2006;Cao et al.,2015;Goo et al.,2009;Hoetker et al.,2009;江旭 等,2022),每种观点在一定程度上解释了契约治理和关系治理对联盟结果的差异化作用机制,部分阐释了两类治理机制各自的影响。然而,不可否认的是,相关研究忽略了两类治理机制所具有的比较效应,以致现有研究未能清晰阐明何种治理机制对联盟成功具有更为重要的影响效应,而这些效应在特定的情境因素下是否会放大或缩小。可以说,这些问题不解决,就难以真正把握联盟治理机制的内在作用机制,也无法真正为企业实现联盟成功提供有效的理论指导。因此,本书立足于焦点企业(focal firm),考虑到企业在进行联盟治理时面临着依赖于正式的契约机制(即契约治理)还是发展伙伴间关系(即关系治理)的重要选择问题,通过深入分析两类治理机制在不同情境下的差异性作用,从而为打开治理机制与联盟成功之间的关系“黑箱”做出必要的理论阐释。

以当前世界500强的中国领军企业——华为技术有限公司(以下简称华为)为例。其在成立之初面临着巨大的竞争压力,在缺乏资金和技术优势的情况下,华为选择以组建契约式联盟的方式来获取竞争优势,与一家生产用户交换机(PBX)的香港企业签订为期三年的合作协议,并与该企业在付出与回报上达成了一致。经过三年的合作,香港企业获得高额的利润,华为获得在PBX上的相关技术知识,并开始了面向中国市场的自主研发,又历经短短五年时间的发展,华为销售额达15亿元人民币,实现了第一步突围发展。接下来,华为再接再厉,与中国电信建立了战略联盟。虽然在合作过程中,作为一个相对弱小的供应商,面临着与强大的合作伙伴之间的各种冲突以及冲突所导致的机会主义行为,但是,华为看到了与中国电信之间的合作会带来比非合作状况下更多的利益,比如实力的壮大、声誉的提高、管理能力的提升等,因此华为积极为大客户创造红利,年终分给中国电信的红利高达70%,正是因为这种高度的满足大客户所占有的“高付出、高回报”的分配公平,使得华为自身也收益大增,并为后期合作建立了良好的基础,从而最终实现了第二阶段的快速发展。

此后,随着企业规模、业务领域的进一步拓展,华为开始不断与世界顶级科技公司组建战略联盟。近年来,其重要的战略联盟活动如与世界顶级科技公司IBM(国际商业机器公司)、HP(惠普)、Microsoft(微软)、Intel(英特尔)、TI(美国德州仪器)等公司建立联合实验室,同步开发最先进的技术和产品;与3Com(三康)在数通领域、与西门子在TD-SCDMA(时分同步码分多路访问)领域、与英飞凌在WCDMA(宽带码分多路访问)等领域相继成立了合资公司;与爱立信、阿尔卡特等都有广泛而密切的合作;此外,华为还与摩托罗拉在无线系统、与NEC(日本电气)在数据通信和移动终端产品上均展开了积极的合作;与松下、NEC、三菱商事等多家公司结成销售伙伴;与埃森哲签署的强强战略联盟,协议共同面向电信运营商和企业信息与通信技术(ICT)两大市场的客户需求开发并推广创新解决方案;与沃达丰全球企业业务缔结联盟,共同开发全球市场;等等。尽管目前华为与西方竞争对手对市场争夺得很激烈,但在市场后面,随着内外部环境的改变,华为意识到早期相对简单的契约治理方式和分配公平早已不能满足当前的大客户联盟管理的需要,而只有基于信任的关系治理才是大客户管理的本质,且只有通过不断与大客户开展长期合作并建立双方一致认可的公正、透明、合理的决策程序上的公平,才能更好地与多个合作同行在诸多领域实现优势互补,从而更高效地达成联盟目标。为了确保战略联盟的良性发展,华为制定了《华为基本法》,其中第二十四条规定:"我们重视广泛的对等合作和建立战略伙伴关系,积极探索在互利基础上的多种外部合作形式。"华为的首席执行官(CEO)任正非也很好地践行了华为以关系为基础的战略联盟治理理念,与许多竞争对手的CEO都是好朋友、好伙伴。在华为的发展过程中,我们不仅看到华为管理联盟时选择不同治理机制的重要性,还看到华为强调联盟的"对等合作"以及"公平"意识。正是通过在不同情境下对不同治理机制与不同公平的选择和匹配,华为一步步实现了预期的联盟目标,更好地取得了联盟成功(何瑛 等,2022)。

与华为不同的是,有些企业虽然也开展了战略联盟活动,但是最终却未能实现预期的联盟目标。例如,中国联想集团与国际传媒业新兴巨头美国AOL时代华纳公司以FM365为基础各出资1亿美元成立了合资公司,尽管刚开始众多媒体对这一联盟大加肯定,认为这个联盟是在中国的互联网业掀起的一场巨大变革,联想甚至喊出"将FM365打造成中国的AOL"这样响亮的口号,然而,该战略联盟最终仍然以失败告终。究其原因,一开始,双方企业基于对彼此的信任建立起战略联盟,依靠良好的关系规范顺利展开合作,但后来有媒体陆续报道,AOL虽然看重联想所拥有的知识资源,但是该公司一开始就觊觎联想手中的网络服务提供商(internet service provider)牌照这种独特的资源,带着机会主义的目的与联想合作,这种不友好、不信任的合作动机使得双方在联盟过程中没能很好地沟通,以致企业间关系发生变化,冲突不断,联盟逐渐失去了信任基础,从而转向严格契约控制。

从联盟所采用的契约治理机制角度看,双方虽然一开始按照事先约定好的契约开展相关活动并执行应尽的义务,如AOL和联想各出资1亿美元成立合资公司,AOL提供先进的互联网技术及运营经验,联想分享电脑用户资源,双方均企图整合两家公司的知识资源优势,但在该合资企业的后续运行中却未能很好地利用这些资源实现合作目标。造成这一困境的主要原因是,在联盟运行期间,远在美国的AOL面临着经济泡沫退却后的管理危机,无暇顾及与联想在中国的合资企业业务,没有按照契约的约定进行后续的联盟投入和问题的解决,而此时由于国际国内市场的变化,联想在与AOL的合作过程中公平感知降低,无法获取到与付出相对等的回报。因此,联想将重心转向投入个人计算机(PC)业务端,也无心在互联网上大力发展,未能很好地继续执行契约条款,从而使得 AOL 方对联盟的期望也大大降低。此外,由于双方合作受到大量外部不确定因素与伙伴间冲突的影响,事先签订的契约也无法顺利执行,双方为了保护自己的知识资源以及独特资产资源而不肯坦诚面对对方的要求,以致双方的公平感知大幅度降低,合资企业面临着极大的运行风险,最终使得联盟未能完成预期目标。由此可见,由于在不同情境下治理机制选择存在问题,以及在治理机制实施过程中,企业相互之间分配不均,缺乏必要的公平感知,从而导致合资公司草草收场,最终联想和 AOL 均选择放弃该互联网业务,联盟以失败告终(李炜文 等,2022)。

因此,从上述两个案例中我们发现,依赖于不同的治理机制会影响战略联盟的最终结果,且恰当的治理机制选择对联盟成功起着非常重要的影响作用,尤其是在联盟运行过程中,不同类型的联盟治理机制还影响着联盟的公平感知与识别,从而对联盟结果产生差异化的影响(江旭 等,2022)。因此,阐明治理机制、公平感知和联盟成功之间的关系就显得尤为重要,这将不仅具有重要的理论价值,还具有重要的实践价值。同时,在上述第二个案例中我们看到,外部环境(市场)不确定性、伙伴行为不确定性以及伙伴间的冲突影响了联想和 AOL 公司的行为选择与公平识别,联盟不确定性和伙伴间冲突对合资公司治理机制的作用产生了决定性影响,以致在面临不同类型的不确定性和伙伴间冲突时,联盟企业所选择的治理机制对联盟结果所产生的影响发生了变化,最终导致联盟成功的战略目标未能实现(王建平,2020)。因而,如何选择适当的治理机制以及如何选择与该治理机制相匹配的过程要素(如公平识别),成为迫切需要解决的关键问题,对深入理解联盟治理机制及其作用机理具有重要的指导意义。

1.2 企业间联盟治理的理论背景

从上述实践背景可以看出,作为企业获取竞争优势、实现快速发展的一种关键战略手段(威尔斯马,2000),企业间联盟被越来越多的中国企业所采用,而联盟治理与管理也成为当下战略管理领域学术研究的重要话题。本节从学术研究回顾的角度,简要介绍联盟治理机制(包括契约治理和关系治理)与联盟结果变量之间的已有研究发现,以及本书采用的相关理论基础(包括交易成本理论、关系交换理论和公平理论)。对这些变量和理论的详细回顾与总结具体见本书第 2 章“理论基础与研究进展”部分。

1.2.1 联盟治理机制与联盟结果研究

从概念内涵上来说,联盟治理机制是协调联盟企业间关系、有效防范伙伴机会主义并促进联盟成功的组织结构与方法体系(Dyer,1997)。现有文献通常将联盟治理机制划分为正式治理机制和非正式治理机制两种类型。正式治理机制体现了一种去人格化的交易关系,主要依靠财务参数、契约起草与执行等方式来实现;而非正式治理机制却是一种基于人和社会的交易机制,它有利于开放交流、信任、合作等方面目标的实现(Hoetker et al.,2009)。正式治理机制主要包括契约控制、联盟管理机构、股权结构等内容(Diakité et al.,2022;Reuer et al.,2002);非正式治理机制包含相互信任、关系嵌入、关系承诺、合作经历等内容(Abdi et al.,2017;Lavie et al.,2012;Vanneste et al.,2014b)。

需要指出的是,现有研究对正式治理机制和非正式治理机制称谓繁多,但相应的内涵基本一致。如 Abdi 和 Aulakh(2017)称之为正式契约与关系治理;Vanneste 等(2014b)采用正式契约与关系契约的区分方式;Faems 等(2008)提出结构性视角与关系化视角两个概念;Puranam 和 Vanneste(2009)则使用正式治理与信任作为称谓。现有联盟治理机制研究主要集中于正式与非正式治理机制间关系、治理机制决定因素和治理机制影响效应等三方面,下文将对此进行详细分析。

1)不同联盟治理机制间的关系研究

正式治理机制和非正式治理机制是有效治理并管理联盟的两种不同的方法体系,有关这二者关系的"替代论"或"互补论"在先前研究中引起了广泛争议。有关"替代论"的研究,如 Lui 和 Ngo(2004)等学者的实证分析发现,善意信任和契约防卫相互替代;同样,Abdi 和 Aulakh(2017)的研究结果也在一定程度上支持了"替代论"。有关"互补论"的研究,Poppo 和 Zenger(2002)的研究证实了正式契约和关系治理之间存在互补关系,认为管理者往往会将这两种治理机制搭配使用。Ryall 和 Sampson(2009)研究发现,如果两个企业先前有过合作经历(存在良好的信任与合作关系),那么企业间的契约往往会更加具体化,而且会包含更多的惩罚性条款,且与相同的合作伙伴进行重复交易时这种效应更加明显。Li 等(2012)也认为正式契约和关系机制之间起互补作用。有关"并存论"的研究,Tiwana(2010)从 120 个外包系统开发项目的样本数据中分析得出,关系治理与契约治理存在既有替代又有互补的关系,与契约治理的类型划分(行为控制和结果控制)有关,关系治理与行为控制是互补关系,而与结果控制是替代关系。Weber 和 Mayer(2011)研究指出,如果将契约划分为防御型契约和发展型契约,研究结论显示防御型契约与关系治理呈现替代关系,而发展型契约与关系治理呈现互补关系。Jiang 等(2013)的研究认为,正式的契约机制和非正式的信任机制之间到底是互补还是替代取决于信任的不同类型,并得出契约控制与善意信任相互替代,而契约控制与能力信任互补的研究结论。

正式治理机制与非正式治理机制间的关系不能一概而论,需要根据不同的情境进行具体分析,且在不同情境下二者间关系形式可能存在较大的差异。Abdi 和

Aulakh(2012)将正式契约、非正式关系治理机制研究拓展到跨国合资企业(international joint ventures)背景下，探讨了企业层面的联盟治理机制与国家层面的正式契约、非正式关系治理间的互补及替代效应。此后，他们进一步研究发现，对于跨国企业联盟而言，正式契约治理与非正式关系治理间的互补或替代关系取决于环境不确定性和伙伴行为不确定性的程度大小：当环境不确定性高时，如内部环境存在不稳定和不可预测性，能够增强契约治理与关系治理适应复杂性，通过对两者之中任一治理形式依赖的增强来抑制另一个治理机制的有效运行，使得正式治理和关系治理变成一个更加偏向替代的关系；相反，当伙伴行为不确定性高时，如缺乏共同的形式和合作企业之间的共享框架，会阻碍伙伴的行为理解，从而推动治理机制之间成为更加偏向互补的关系，也就是说，契约治理和关系治理能够促进彼此的有效运行(Abdi et al.,2017)。国内研究中，吴德胜和李维安(2010)采用博弈论的方法研究了正式契约和非正式契约间的交互效应，得出了以下结论：当契约成本较低时，正式契约与非正式契约相互替代；当契约成本处于中间水平时，正式契约与非正式契约互为补充；当契约成本很高时，正式契约的引入对非正式契约的选择不产生影响。基于联盟企业是以获取显性知识还是隐性知识为目的的视角，李晓冬和王龙伟(2016)研究发现以获取显性知识为目的时，契约和关系治理之间为互补关系；以获取隐性知识为目的时，契约治理和关系治理之间为替代关系。

2)联盟治理机制的决定因素研究

由于战略联盟形成与发展受到多种内外部因素的单独与共同影响，且正式的契约治理机制与非正式的关系治理机制的关系具有不确定性，因此，联盟治理机制的选择决策存在一定程度的复杂性，这也就导致联盟治理机制的决定因素存在多样化的特征。现有研究主要从资产类型、知识专有性、战略地位、联盟伙伴特征、联盟生命周期、合作关系特征、不确定性等多个角度出发，分析了不同联盟治理机制的决定因素。

基于对联盟企业资产类型的考虑，Hoetker 和 Mellewigt(2009)研究了契约治理和关系治理这两类治理机制与资产类型的匹配问题，发现契约治理更适合于“基于所有权的资产”，而关系治理更适合于“基于知识的资产”。针对知识专有性，Luo(2005)分析了中国的国际合资企业的调研数据并指出，国外合作伙伴的知识专有性越高或者外部经济风险越大，国际合资企业越依赖于完备的契约治理。在有关战略地位与治理机制选择的研究中，Mellewigt 等(2007)认为，契约治理机制除了资产专用性与契约复杂度具有正相关关系外，当战略重要性越高时，契约治理的水平也越高。有关联盟伙伴特征研究，Lavie 等(2012)通过对信息技术行业的420个非股权联盟的分析表明，联盟企业间管理风格、组织反应、内部任务惯例、市场惯例等方面的差异的程度越高，非股权联盟的关系治理机制越弱。

基于联盟生命周期管理的视角，龙勇和郑景丽(2013)认为在战略联盟的不同发展阶段,联盟能力会对联盟治理机制的选择有不同的影响。从合作关系特征角度出发的研究,具体包括对合作经验、信任、交易频率等因素的影响机理进行研究,例如,Gulati 和 Nickerson(2008)认为,高水平的先前存在的组织间信任增加了合作伙伴选择较不正式的治理模式的可能性;Vlaar 等(2007)研究发现,如果外包合作伙伴之间存在一定程度的不信任,契约治理就会替代关系治理;Dyer 和 Chu(2000)研究指出,联盟企业与合作伙伴交易频率越高,双方的关系治理水平就越高。综上分析可以看出,联盟治理机制的决定因素复杂多样且随联盟发展而不断变化,还有待进一步深入探索。

3)联盟治理机制的作用与影响效应研究

联盟治理机制的影响效应主要体现在其对联盟与企业绩效、组织学习和争端解决等多个方面的影响。

首先,联盟企业及联盟本身的绩效水平会受到治理机制类型的影响。Hoetker 和 Mellewigt(2009)分析德国电信行业联盟的数据后发现,治理机制与资产类型不匹配会影响联盟的绩效水平,正式契约机制最适合于基于所有权的资产,而关系治理最适合于基于知识的资产。Mesquita 和 Brush(2008b)通过 239 家供应商的调查数据研究了资产专用性和复杂性对关系治理、契约完备性两种治理机制与协调效率(生产效率)间关系的调节作用,结果表明:关系治理(契约完备性)对协调效率(生产效率)产生正向影响;而资产专用性正向调节了关系治理(契约完备性)与协调效率的关系;复杂性正向调节了关系治理(契约完备性)与生产效率的关系;当复杂性不变,随着资产专用性增加,契约完备性(关系治理)对协调效率影响程度高于对生产效率的影响程度;当资产专用性不变,随着复杂性增加,契约完备性(关系治理)对生产效率的影响程度高于对协调效率的影响程度。Poppo 和 Zhou(2014)聚焦于契约复杂性、契约重复性、公平识别与绩效间的关系,研究结果表明,程序公平在契约复杂性和绩效关系间起中介作用,而分配公平则在契约重复性与绩效的关系间起中介作用。卢纪华等(2012)研究了三种不同类型的联盟契约承诺,包括收益承诺、关系承诺和不确定承诺,他们的研究结果表明,联盟契约中的收益承诺和关系承诺正向影响联盟成员的任务绩效,联盟契约中的收益承诺、关系承诺和不确定性承诺均正向影响联盟成员的关系绩效,联盟契约中的不确定性承诺与联盟成员的任务绩效不存在直接的因果关系。黄俊等(2012)研究发现联盟契约控制和共同信任都有助于降低研发联盟的风险,同时共同信任在联盟契约控制与研发联盟风险间关系起中介作用。张闯等(2014)则研究了人情、契约和渠道绩效间的关系,通过对来自生产制造商(黄俊 等,2012)的 278 个调查样本的实证分析发现,人情和契约分别对渠道绩效有显著正向影响,而人情正向调节契约与渠道绩效的关系。

其次,恰当的联盟治理机制有助于联盟企业间更好地相互学习。Lui(2009)研究了能力信任和正式契约对组织间学习的影响,发现能力信任更有利于知识接近,而契约治理更有利于知识获取。Li 等(2012)研究指出,在多边研发联盟关系中,联盟治理机制有助于防范知识泄露。Li 等(2010)分析了关系治理和正式契约治理对外国子公司从当地供应商获取显性知识和隐性知识的差异化影响,基于 168 家外国子公司在中国的数据分析表明,关系治理能够促进外国子公司获取当地供应商更高水平的隐性知识,契约治理有利于外国子公司获取当地供应商的显性知识,且正式契约在关系机制对知识获取的影响中扮演互补的角色,即正式契约治理进一步强化了关系治理对显性知识获取和隐性知识获取的效果。国内相关研究中,高展军和王龙伟(2013)发现显性契约在正向影响分配公平的同时,与程序公平呈现负相关关系;规范契约与分配公平和程序公平均正相关;法规实施无效率和政府支持等不同的制度环境会对上述关系产生不同的调节效应;相比于分配公平,程序公平对知识整合会产生更强的影响。刁丽琳和朱桂龙(2014)分析了产学研合作中的契约、信任及其交互作用对知识转移的影响,并将契约分为契约协调与契约控制两个维度,结果显示契约协调仅与显性知识转移存在正向关系,与隐性知识转移没有直接的关联性,而契约控制对显性知识转移和隐性知识转移均产生负面影响;研究信任时发现,产学研合作中信任对隐性知识转移的正向影响大于对显性知识转移的正向影响;当不同契约维度与信任产生匹配时,结果表明契约协调和信任的共同使用会增加校企知识转移,而契约控制和信任的共同使用会减少校企知识转移。

最后,伙伴间冲突的解决也有赖于恰当的治理机制选择。Jooho Lee(2013)认为,重复交易所产生的嵌入型关系(embedded relationships)可能产生两种截然不同的后果:一方面,通过重复交易积累起来的信息可以降低伙伴之间的信息不对称和机会主义行为;另一方面,长期的重复交易关系可能会导致搜索局限性以及较高的转换成本而产生关系惰性。Vanneste 和 Frank(2014a)认为,在垂直合作关系(如供应链)中,关系治理依靠未来长期合作的预期来激励和约束联盟各方的行为,从而有效抑制矛盾冲突并降低联盟解体的风险。Malhotra 和 Lumineau(2011)认为,治理结构的契约化程度越高,越倾向于采用基于权利的方法来解决企业间争端。按照交易成本理论的观点,契约被视为一种最佳治理(optimal governance)和防护功能(safeguarding function),在此基础上,Schepker 等(2014)研究指出,从其他理论视角如能力和关系契约视角、实际期权视角审视,契约在设计过程中正在从狭隘的关注防护功能转变为更开放的强调协调(coordination)和转变(adaptations)功能,与关系治理产生替代效应。

随着战略联盟实践和理论研究的不断发展,许多联盟文献开始关注治理机制影响效应的权变因素,而且研究方法也日趋多元化。权变因素相关的研究如 Poppo 等(2008b),他们的实证分析结果表明,资产专用性、绩效难以测度性和重复的伙伴间关系都有可能削弱关系治理与绩效间的积极关系。Mesquita 和 Brush

(2008b)在研究关系治理和契约完备性两种治理机制对协调效率和生产效率的影响时,特别考虑了资产专用性和产品及服务复杂性的调节作用。Klijn 等(2013)则关注了跨国合资企业董事会参与度对合资企业的影响以及其权变因素,实证结果表明当合资企业采用正式契约(如合同保障和监控)和关系治理(如信任、协调)治理机制时,合资企业董事会参与度更有利于促进绩效。聂鹰和龙勇(2012)研究了在契约型联盟中,技术模块化在一定程度上能够替代合同治理机制,以解决知识泄漏问题,从研究方法来看,除了主流的实证研究方法外,元分析、案例研究等也越来越多地应用于联盟治理机制影响效应的研究中。Vanneste 等(2014a)利用元分析的方法发现信任与联盟关系维持间存在着一定的正相关关系,但是这一关系也会受到不可观测的调节因素影响。刁丽琳和朱桂龙(2014)在研究契约和信任对知识转移的影响时采用了案例分析方法,分析了企业的学习意愿和吸收能力对两种契约维度与两类知识转移的关系的不同调节效应。他们指出,在产学研合作中,企业吸收能力(企业学习意愿)对信任(契约协调)与知识转移的关系具有正向调节效应,对契约控制与知识转移的关系具有负向调节效应。

1.2.2 本书的理论基础

从总体上看,本书主要涉及三个基本理论,分别是交易成本理论(transaction cost theory)、关系交换理论(relational exchange theory)和公平理论(justice theory)。其中,交易成本理论已在战略联盟研究中得到了较为广泛的应用和认同,学者们运用该理论对联盟的形成、管理以及联盟绩效等问题做出了丰富的理论解释(Panova,2018;徐二明 等,2021)。相比较而言,关系交换理论在战略联盟背景下运用的广泛度虽然不及交易成本理论,但对联盟中与"关系"有关的问题(比如关系规范、信任)做出了许多令人信服的解释。此外,作为组织领域常见的一个理论,公平理论最初主要关注组织成员公平感获得及其绩效效应等问题,近年来被逐渐引入组织间合作背景下的战略联盟研究中(高展军 等,2016;Slater et al.,2012),但从论文的相对数量上来说,相关研究依然较少,许多机制尚未阐述清楚。接下来,本书将简单介绍上述三种理论及其在本书中的潜在应用思路。

1)交易成本理论

交易成本理论最早由科斯(Coase)在 1937 年提出并在随后得以不断发展,主要是为了回答"企业为什么会存在"这一长期困扰经济学家和管理学者的问题(Coase,1937; Williamson,1978;Williamson,1985;Williamson,1991)。该理论指出,在市场(market)与层级(hierarchy)之间必然存在着大量被称为"三方规制"或"双边规制"的混合治理结构,如战略联盟(Williamson,1991;Jiang,2011)。作为一种中间型的治理结构,战略联盟能够克服市场与层级各自的缺陷,并在一定条件的约束下具有最小的交易成本(赵健宇 等,2020)。因此,企业参与战略联盟的根本目的之一是最小化市场交易的成本(Williamson,1991)。现有相关研究通常运用交易成本理论来解释联盟的产生、联盟的治理和联盟的绩效等现象,也关注企业如何运用恰当的治理机制以降低伙伴机会主义行为(江旭,2008)。具体来说,交易成本理论认为,任何联盟中的合作伙伴均可能会出现以自我利益为导向的机会主义行为,但机会主义行为的风险可以通过制定完备的契约来控制(Deeds et al.,1999)。一般来说,契约越完备,其约束合作伙伴机会主义行为的能力就越强(李林蔚 等,2021),因此,交易成本理论倡导使用基于经济目的的契约治理机制来防范机会主义,化解不可避免的冲突,以确保联盟顺利运行并最终取得成功(Reuer et al.,2007)。

2)关系交换理论

不同于交易成本理论强调交易的效率和成本,关系交换理论则强调关系规范的主要作用。根据 Macneil(1978)、Mcnicoll(1982)的观点,"单一交易"在现代社会经济实践中并不是普遍现象,处于交易关系中的当事人一般都将事项推后决策,留待以后根据商业需要和环境变化再做调整,这就形成了所谓的"关系交易"(relational transactions)。在战略联盟背景下,关系交换理论为联盟信任、关系治理机制等方面的研究提供了很好的理论解释,该理论认为信任和关系规范(包括承诺、一致、文化相容、灵活性和相互依赖)等社会范式对战略联盟的运行与管理起着非常重要的促进作用,将有助于合作的顺利进行,并最终能够对联盟的结果产生积极的影响(Zhou et al.,2012)。

3)公平理论

公平理论最早起源于组织学和社会学研究中(Adams,1963)。组织学中的公平理论主要用来探讨组织内部的公平程度对组织成员的影响(Deutsch,1975;Griffith et al.,2006;Leventhal,1980;Luo,2005),而社会学中的公平理论则强调社会体系中各个制度的公平程度所带来的影响,比如司法公平、程序公平、分配公平等不同公平类型的作用及其效应(Gassenheimer et al.,1998;孙笑侠,1992;Thibaut et al.,1978)。近年来,随着战略联盟这一类组织形式的不断涌现,联盟公平也受到了越来越多的学术关注,尤其是公平的"程序-分配"二元划分模型及其对战略联盟运行与结果的影响,在国内外管理学界引发了极大的研究热潮(Griffith et al.,2006;高展军 等,2016;Hauenstein et al.,2001;Luo,2005;李垣 等,2009)。已有的学术研究结果包括对程序公平和分配公平关系的深入探讨,公平对联盟评价、演化、治理以及结果的影响,等等(Hearld et al.,2013;Kim et al.,1998;Kumar et al.,1998;Liu et al.,2004;Poppo et al.,2014;Ring et al.,1994)。但总体而言,有关联盟公平的研究仍然处于初始阶段,未曾涉及更深一步的深层次问题,如各类公平识别如何在联盟过程中发挥效用以及哪一类公平识别具有更加重要的影响等。

1.3 现有企业间联盟治理研究的不足

对于如何实现联盟成功这一现实问题，尽管先前研究已经告诉我们可以从治理机制选择的角度入手进行分析，当前也取得了较好的研究进展，但是相关研究仍然存在一些明显的不足，特别是相关变量间关系的深层次机理以及理论的融合等诸多方面仍需要进一步探究和阐释。

（1）现有研究通常关注的是不同类型治理机制的关系本身，着重于探究正式治理机制与非正式治理机制间是互补、替代还是并存关系，虽然得出了许多有益的研究结论，但对于两类治理机制的相对效应却少有问津，以致我们对契约治理和关系治理是具有同等作用还是具有差异化影响，这种差异在不同的情境下是会放大还是缩小等关键问题均没有清晰的答案。与先前的研究不同，探究契约治理与关系治理之间何种机制具有更大的作用，尤其是在经济转型背景下，企业究竟应该依赖于哪种治理机制以取得更大的联盟成功，将成为本书重点探讨的问题。

（2）现有文献缺乏对两种治理机制影响联盟成功内在机理的深层次探讨，因而先前的研究结论尚不能清楚指明契约治理和关系治理对联盟成功的影响过程中是否存在其他因素的传导作用，以致两类治理机制与联盟成功之间的关系仍然是一个“黑箱”，难以全面刻画两者之间的真实关系。鉴于先前研究存在的这些不足，本书将从一个独特的视角出发，采用公平理论的分析思路，探讨两类公平识别（分配公平与程序公平）在上述治理机制与联盟成功之间的中介传导机制，为揭示两者之间的关系“黑箱”、阐明联盟公平的独特作用提供理论阐释，从而有助于理解联盟企业应采用何种公平路径以实现治理机制的积极作用，为企业通过必要的路径选择提高联盟成功率提供必要的理论指导。

（3）现有文献对于联盟治理机制如何影响联盟成功的“边界条件”尚未有充分的探究，从而不清楚联盟治理机制在何种情境下对联盟成功具有更大的促进作用，也不清楚公平识别在上述关系中的中介传导机制是否会因情境的不同而有所差异，以致未能阐明不同情境下两种治理机制在促进联盟成功过程中发挥效应的路径究竟该如何选择，这启示本书探究一些关键权变因素如联盟内外部不确定性和伙伴间冲突等对“治理机制—公平识别—联盟成功”关系链条的差异性影响，从而提出一个有调节的中介效应模型，以更加全面、深入地对上述研究问题进行解答，并有助于深入理解联盟治理机制在联盟运行与结果中的内在作用机理。

1.4 研究问题的提出及研究价值

1.4.1 研究问题的提出

从上文的理论与实践分析可以看出，尽管越来越多的企业进入战略联盟，但联盟失败率也一直居高不下，其中一个重要原因就是联盟的治理选择问题（孙振民等，2022）。正因为如此，以正式契约为基础的契约治理和以信任为基础的关系治理及其与联盟成功关系的讨论一直是战略联盟研究领域的热点和难点。尤其是在中国转型经济背景下，由于外部环境的不断变化、战略联盟本身的不稳定性以及与合作伙伴之间的信息不对称等多种因素并存，企业不得不通过谈判来建立以契约式治理为主的联盟（Deeds et al.，1999）；加之中国传统的地缘、人情和面子文化的作用（Li et al.，2015；Xin et al.，1996），我国企业更习惯依靠非正式的关系纽带和值得信任的合作伙伴来开展联盟合作。因而，在中国情境下，契约治理和关系治理的重要性均不言而喻，而探讨契约治理和关系治理的选择、作用及其影响效应等都将具有非常重要且独特的理论和实践价值。

有关不同联盟治理机制之间的关系，学者们在以往研究中指出，契约治理机制与关系治理机制分别呈现互补、替代或并存效应（Cao et al.，2015；Huber et al.，2013；Poppo et al.，2002）。一些研究指出，契约治理和关系治理之间的互补、替代与并存关系取决于具体的边界条件，并进一步探讨了在什么条件或情境下契约治理和关系治理之间将产生互补、替代或并存效应（刘衡 等，2010；李晓冬 等，2016；Wallenburg et al.，2014）。不可否认，迄今关于契约治理与关系治理之间关系的研究依然存在分歧，缺乏新的视角来廓清两者之间的关系特征、应用条件和路径机制，致使二者之间的关系本质仍然存在争议。正是在认识到这一问题的基础上，本书提出应更加深入地探讨两类治理机制的不同角色特征和作用机制，厘清二者对联盟结果的差异性影响及其中介传导机制与边界条件，为推动联盟治理研究提供必要的理论参考。

首先，本书深化了有关联盟治理机制关系的讨论，考虑到战略联盟不是在真空中存在，不同治理机制对联盟成功的直接效应也并不总是顺畅实现，而是会受到内外部环境和其他多种因素的干扰。外部环境的影响主要来源于环境不确定性，内部因素的干扰主要来自合作过程中伙伴之间的信息不对称与行为差异，伙伴行为不确定性以及伙伴间冲突等均会影响治理机制作用的发挥。归纳起来，本书将探讨不确定性（包括环境不确定性和伙伴行为不确定性）以及伙伴间冲突（包括破坏性冲突和建设性冲突）对治理机制与联盟成功关系的干预与影响。

其次，本书尝试采用比较研究来探讨契约治理和关系治理的作用机制，比较两者对联盟成功的差异性影响;本书还将纳入一个重要的联盟过程变量——公平识别,探讨治理机制如何通过公平识别的中介传导机制实现联盟成功,这将突破以往对契约治理和关系治理的互补、替代和并存关系研究的桎梏,打开治理机制与联盟成功之间的关系“黑箱”,为丰富联盟治理机制作用机理研究提供丰富的理论解释。

最后,在上述中介效应研究的基础上,本书将进一步明确在何种情境下公平识别对联盟成功具有更大的影响,公平识别的中介效应在何种情境下会被放大或缩小。这一有调节的中介效应研究将更加深入地阐明“治理机制—公平识别—联盟成功”关系链条的递进作用机制,为丰富联盟治理选择、联盟运行和联盟结果的关系研究提供崭新的研究思路。

综上所述,本书将通过整合交易成本理论、关系交换理论和公平理论,将治理机制、公平识别、联盟成功以及两类边界条件即不确定性和伙伴间冲突构建在同一个研究框架中,旨在解决以下关键研究问题。

(1)在经济转型背景下,正式的契约治理机制与非正式的关系治理机制对联盟成功是否存在差异性影响?哪种治理机制对联盟成功的作用更大?这种差异是否会因情境的不同而改变?上文的初步文献评述表明,选择恰当的治理机制对联盟成功至关重要。目前,关于正式的契约治理机制与非正式的关系治理机制之间的关系研究,主要存在三种观点:互补关系、替代关系和并存关系(既存在替代又存在互补),新近研究进一步探讨了能引起这三种观点所对应的关系产生变化的情境,但是至今仍然没有明确的结论。为了解决这一争议,本书抛开这三种关系,采用比较研究的方法,深入探讨两类治理机制的作用差异,力图辨明何种治理机制对联盟成功的作用更大,从而跳出已有研究的桎梏,从一个新颖的视角解决先前研究的争议。此外,本书将更进一步分析不同情境因素(不确定性和伙伴间冲突)是否会改变两类治理机制与联盟成功的关系强度,以解决如下问题:当面临相同的情境因素影响,不同的治理机制是否会对联盟成功产生不同程度的影响?又或者在不同的情境因素影响下,同一种治理机制的效用是否会发生变化?这对联盟企业针对不同的情境选择恰当的治理机制有着重要的参考意义,更对联盟企业更好地治理与管理联盟具有重要的实践指导意义。

(2)契约治理与关系治理对联盟成功的影响是否存在中介传导机制?探讨这一中间机制是否有助于打破治理机制与联盟成功之间的关系“黑箱”?尽管以往研究证实了治理机制和联盟成功间的关系复杂性,但并未能有效解决两者之间的关系“黑箱”问题,尤其是未能对治理机制与联盟成功之间是否存在潜在的中介传导机制进行深入分析,以致不能为联盟企业有效治理并管理联盟给予有效的理论指引。本书将引入一类重要的联盟过程变量——公平识别(包括程序公平和分配公平)并将其视为一种关键的中介传导因素,探究其在连接治理机制与联盟成功关系中的内在作用机理,试图打开治理机制到联盟成功的关系“黑箱”,以弥补现有研究的不足。此外，将公平识别划分为程序公平和分配公平并探究其在联盟治理机制与联盟成功之间的差异性传导作用，也是对公平理论在战略联盟研究中的一种拓展。

(3)程序公平和分配公平对联盟成功是否存在差异性影响？哪一类公平识别对联盟成功的作用更大？何种情境下公平识别在治理机制与联盟成功间的中介传导作用更优？这一中介传导机制是否会因情境的不同而改变？尽管已有大量研究证实了公平识别对联盟成功的促进作用，但大多数研究仍集中于探究公平识别对联盟运行与结果的直接影响上。然而，公平识别对联盟成功的影响方式与影响因素具有多样性，具体的影响机理研究还有待加强，且不同公平类型对联盟成功的影响是否存在差异性也需要进一步探讨。此外，一些研究已经提出，有必要对联盟治理机制的作用机理进行情境或权变效应的拓展性研究，其中，不确定性与伙伴间冲突是可选的重要调节因素(Jiang et al.，2017；Tjosvold et al.，2003)。事实上，现有研究大多基于单一的调节因素来讨论边界条件，且只停留在各因素对直接效应的调节效应分析上，缺乏对存有中介机制的间接效应进行有调节的中介效应研究。基于此，本书将逐一讨论不同类型的权变要素是如何影响两类治理机制通过公平识别的中介效应作用于联盟成功的，从而拓展了以往研究由于忽视有调节的中介效应分析而得出的片面、零散的结论。而探讨不确定性和伙伴间冲突对公平识别的中介传导作用的影响，关键在于分析不确定性和伙伴间冲突对公平识别中介作用的不同路径的调节作用，这将不仅在理论上丰富传统的联盟治理与联盟公平理论，而且在实用性角度上有助于提高现实联盟的成功率。

1.4.2 本书的研究价值

本书围绕如何实现联盟成功这一现实问题，对联盟治理机制通过两类公平识别(程序公平和分配公平)的中介传导作用影响联盟成功进行理论推演和实证检验，并在此基础上探究不同公平识别对联盟成功的差异化影响以及不同情境下两类公平的不同中介路径，更加深刻地揭示出治理机制、公平识别与联盟成功关系的内在机理，对联盟治理和管理研究具有重要的理论价值和实践价值。

本书的理论价值主要体现在以下四个方面：首先，不同于以往研究主要探讨关系治理与契约治理间互补、替代或并存关系，本书从比较研究的角度探究契约治理和关系治理对联盟成功的差异性影响，揭示出对联盟成功更为有效的治理机制，为联盟企业进行相应的治理机制选择提供决策依据，从而弥补现有有关正式治理机制与非正式治理机制之间的关系争议导致研究结论模糊的不足，并提供一种深入探讨二者关系的新思路。其次，本书通过深入探讨不同公平识别类型的差异性中介传导机制，深入契约治理和关系治理作用于联盟成功的“黑箱”，揭示治理机制对联盟成功影响的深层次机制，有助于解决先前相关研究结论不一致的问题，深化对治理机制与联盟成功关系的再认识。再次，本书丰富了战略联盟背景下的公平识别研究，从理论上拓展了公平理论的研究范畴。通过界定公平识别的概念内涵并区分程序公平和分配公平两个维度，着重探讨两类公平识别对联盟成功的差异化影响以及不同公平识别在两类联盟治理机制与联盟成功间的选择性中介效应，弥补了现有研究对战略联盟背景下公平识别概念内涵及其影响效应的有限认知，在一定程度上推动了组织间公平理论尤其是联盟公平理论的发展。最后，通过构建有调节的中介效应模型，本书将治理机制、公平识别、联盟成功等相互独立的研究主题串联在一起，探讨这一逐级传导链条是否在不同类型、不同程度的不确定性与伙伴间冲突的影响下发生效应改变，这不仅丰富了先前零散化、片段性的研究结论，还促进了多种理论视角的交叉与融合，包括交易成本理论和公平理论的融合、交易成本理论和关系交换理论的融合以及关系交换理论和公平理论的融合，同时推动了各个理论的共同发展。

本书的研究结论对企业间联盟的治理与管理实践具有重要的实践价值，能够帮助联盟企业深入了解选择、调整联盟治理机制的方法，促进成员间的公平感知，进而促使联盟获得最终的成功。具体而言，首先且最重要的一点是，本书的研究结论能够帮助联盟企业正确认识联盟成功的实现路径，对于联盟企业更好地适应市场竞争与环境变迁、获取持续竞争优势具有重要的指导价值。其次，本书的研究结论还将帮助联盟企业正确对待成员间的契约约束与关系信任，认识到契约治理和关系治理对于联盟成员间公平识别以及联盟成功的差异性作用，从而有意识地选择恰当的联盟治理机制与治理路径，提高自身的联盟治理能力与水平，并最终促进联盟成功率的提升。再次，本书的研究结论有助于联盟企业正确认识到不确定性（包括环境不确定性和伙伴行为不确定性）和伙伴间冲突（包括破坏性冲突和建设性冲突）等权变因素的关键影响和作用，指导企业在面临不确定性与伙伴间冲突时能够有效应对，早日实现预定的联盟目标。最后，本书的研究结论将为政府机构制定政策提供参考，除了在宏观政策方面为联盟的运营以及联盟成功创造良好的制度与市场环境，还可以在联盟面临困境时有意识地介入联盟成员关系中，比如提供法律保护或为企业提供担保，从而更有利于各类联盟治理机制发挥应有的作用。

■ 1.5 本书的结构安排

1.5.1 本书的研究思路

本书的研究思路与写作安排如下：以总结梳理相关理论和相关研究结论作为出发点，探讨联盟治理机制对联盟成功的差异性影响、公平识别对治理机制和联盟成功的选择性中介作用以及该中介作用是否会受到不确定性和伙伴间冲突的影响,提出有调节的中介效应模型,本书的各个章节都是围绕着这些核心内容逐步展开的。

本书首先对所涉及的相关理论视角即交易成本理论、关系交换理论和公平理论在本书的运用进行介绍,并论述了所有涉及的研究变量,包括契约治理、关系治理、程序公平、分配公平、不确定性、冲突以及联盟成功的内涵和前期研究结论,为其后的模型提出与分析奠定理论基础。

接着,本书构建了包括治理机制、公平识别、联盟成功、不确定性和伙伴间冲突在内的理论分析框架,阐述了以下各个变量间关系的逻辑内涵与相应的研究假设:治理机制是如何影响联盟成功的,何种治理机制更有利于联盟成功,公平识别是如何在治理机制与联盟成功关系间起中介作用的,不确定性和伙伴间冲突是如何调节治理机制与联盟成功关系的,不确定性和伙伴间冲突又是如何调节公平识别与联盟成功间关系的,不确定性和伙伴间冲突是如何影响公平识别中介作用的(有调节的中介效应)。

之后,采用来自我国410个企业间联盟的双份样本数据(每个联盟企业收集2份问卷以避免同源方差问题),检验本书提出的概念模型与研究假设的实证可靠性,并详细介绍最终实证结果。

最后,对上述理论分析和实证研究结论进行详尽的讨论,归纳本书的理论贡献、现实意义,同时指出本书存在的研究不足和未来研究的方向。

1.5.2 本书的研究方法

和先前实证研究所采用的研究方法一样,本书结合以假设提出为主要内容的理论分析和以经验验证为基础的实证检验两种方法。其中理论分析方面主要分为两个部分。首先,详细回顾和本书相关的战略联盟基础理论,包括交易成本理论、关系交换理论和公平理论,系统综述了本书涉及的各主要变量(包括联盟治理机制、公平识别、联盟成功、不确定性和伙伴间冲突)的概念内涵、理论发展与研究结论。其次,基于上述理论分析以及现实情况,建立了一个涉及联盟治理机制、公平识别、联盟成功、不确定性和伙伴间冲突的分析框架,并阐述了这些变量间的假设逻辑关系,从而提出相应的研究假设。

本书的实证分析主要包括问卷设计、企业调研以及数据分析等。我们首先依据国内外的成熟量表,结合本书的研究问题和我国的具体情境设计了一套问卷,并通过咨询专家意见和预调研等环节对问卷进行了一系列修正与完善,包括修改问卷的措辞、删除问卷中理解有偏差或容易引起误解的题项,从而保证问卷的易理解性和回复的有效性。其后根据规范的调研步骤展开大规模企业调研,采取一些现有研究常用的措施以保证调研数据的回收率及其有效性。同时,为了规避共同方法偏差问题,我们采用的是给每个企业发放一式两份问卷的方法,进行现场调研。

最后，运用实证检验的方法，借助统计分析软件（如 SPSS 19.0 和 PRODCLIN2）对模型进行数据分析，以得出有说服力的研究结论。

1.5.3 本书的研究框架

第 1 章为引言。本章介绍了本书研究的现实背景、理论背景以及现有研究的不足之处，并在此基础上提出了本书的关键研究问题，阐明了本书的重要理论价值和实践价值。

第 2 章为理论基础与研究进展。本章结合本书的研究目的，首先总结并梳理了与本书相关的三个理论基础，之后总结并回顾了本书所涉及变量的概念内涵、研究发展历程与先前研究结论，特别强调了现有研究的不足之处，从而为理论模型的构建和研究假设的提出奠定了必要的理论与文献基础。

第 3 章为概念模型与假设的提出。本章主要基于上述理论综述，构建本书的整体概念模型，力图将模型中各个变量间的逻辑关系具体化、明确化。本章主要探讨联盟治理机制与联盟成功的关系，比较不同治理机制对程序公平和分配公平的不同作用，提出公平识别的中介作用，探讨不确定性和伙伴间冲突如何影响公平识别在联盟治理机制与联盟成功关系中的中介效应。

第 4 章为研究方法。本章对样本选择、数据调研与收集方法、变量度量和分析方法进行介绍。

第 5 章为数据分析。本章首先对样本的信度和效度进行检验，为后续实证分析奠定基础。其次，运用一般线性回归、PRODCLIN2 软件以及 Preacher 等（2007）的编程语句分析检验变量间的关系，包括线性关系和非线性关系、中介效应以及有调节的中介效应。最后，开展实证检验并总结了上述检验结果。

第 6 章为研究发现与结果讨论。本章讨论数据统计结果，总结假设的通过情况以及深入分析各假设检验结果的意义。

第 7 章为研究结论与展望。本章简明扼要并重点突出地阐述了本书的主要研究结论，在对研究结论进行讨论的基础上归纳本书的创新点和现实意义，最后指出本书的研究不足和未来研究方向。

本书的研究内容与结构框架如图 1－1 所示。

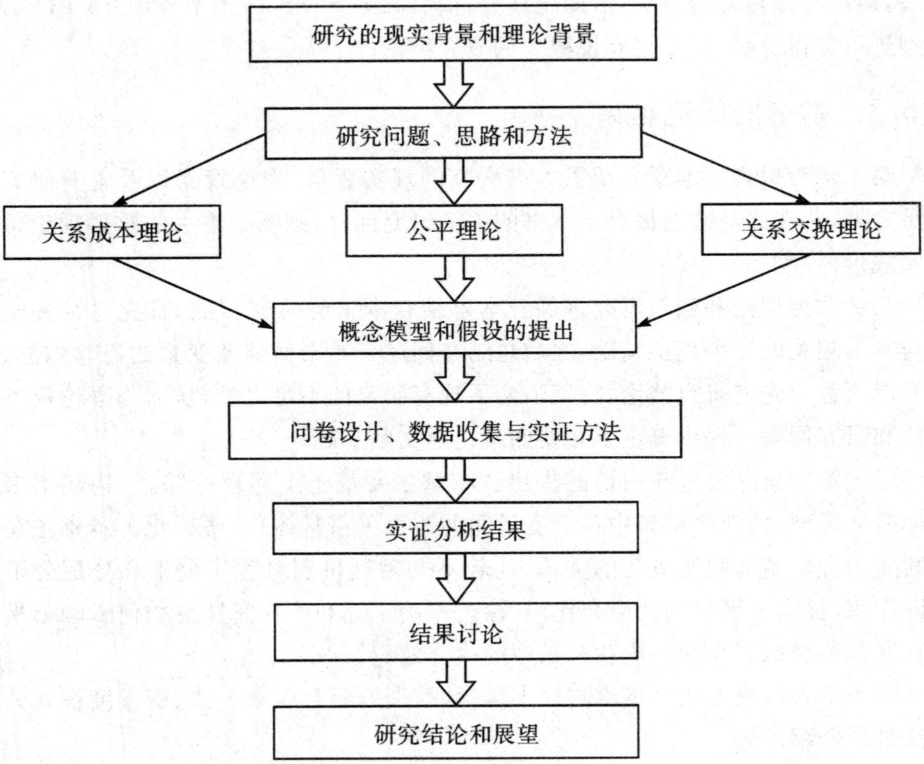

图 1-1　本书研究内容与结构框架图

» 第 2 章 理论基础与研究进展

2.1 企业间联盟研究的理论基础

在全球市场竞争日趋激烈和国际关系日益复杂的背景下，作为一种独特的中间态组织模式，战略联盟受到企业界和学术界越来越多的关注。战略联盟是指两个或多个独立企业间建立的、以实现共同目标为基础的、相互依赖与相互承诺的合作关系(Mohr et al.,1994)。Gulati(1995)将战略联盟定义为独立企业之间的联系，包括交换、分享和共同发展等多个合作内容。目前，关于战略联盟的研究主要集中在联盟形成、联盟演进以及联盟最终价值创造等方面(Spekman,1998)。从战略联盟理论研究的发展角度看，目前研究可以被分为三个阶段(Kale et al.,2000)：第一个阶段的研究致力于解释战略联盟形成的动机和成因；第二阶段，学者们开始探索战略联盟的运营与管理模式；第三阶段，战略联盟的理论开始转向对联盟效率和表现的研究。可以说，先前联盟文献几乎涵盖了所有这些方面的研究。

在先前研究中，学者们运用了多种理论视角解释与战略联盟有关的多个问题，这些理论主要包括交易成本理论(Oxley,1997; Williamson,1991)、资源基础观(Colombo,2003; Das et al.,2000)、博弈论(Parkhe,1993b)、公平理论(Luo,2005)、社会资本理论(Inkpen et al.,2005)、社会网络理论(Muthusamy et al.,2005)和关系交换理论(Macneil,1978)等。结合本书的研究目的、研究内容和结构安排，三个重要的理论视角即交易成本理论、关系交换理论和公平理论将构成本书的理论基础。下面将对这三个理论及其与战略联盟治理的关系进行系统的文献评述，并在此基础上提出本书如何应用并整合这些理论，从而为解释本书提出的研究问题提供一个完善的理论基础。

2.1.1 交易成本理论

作为新制度经济学的一个分支，交易成本理论在现有管理学研究中被广泛采用。早期的交易成本理论强调将单独的一次交易作为主要分析单位，探讨如何最小化交易成本的问题(Rindfleisch et al.,1997)。Williamson(1978;1985)在有限理性和机会主义行为倾向等基本假设下，提出交易属性（包括资产专用性、不确定性和交易频率）与治理结构的有效匹配（市场和层级）能够实现交易成本最小化。先前研究指出，交易成本理论在企业行为决策上的解释力强于传统的新古典经济学（李维安 等，2004）。Williamson（1978）认为，市场和层级是可以互相替代的两种主要交易形式，是交易治理机制连续统一体上的两个极端，而两者之间的中间机制如战略联盟是一种不稳定的特殊组织形式。他认为，市场机制和层级机制是交易成本理论的核心，而战略联盟由于其不稳定的特性，并不能有效降低交易成本。可以说，早期的交易成本理论主要用以解释"企业为什么会存在"这一根本问题。

此后，随着战略联盟实践的不断拓展和深入，交易成本理论也逐渐被用以解释联盟现象，且通常被认为是早期解释战略联盟问题的主要理论视角。Williamson（1985）认为，内部化交易可以通过非产权或非完全一体化等形式实现，并在此基础上发展出了一系列多样化的混合（hybrid）治理机制。同时，由于层级机制协调成本过高、市场机制交易成本过高，在市场与层级之间必然存在着大量被称为"三方规制"和"双边规制"的混合治理机制，其中一个重要的表现形式即战略联盟。现有研究中，大多数交易成本理论的拥护者都倾向于把战略联盟看成是介于市场和层级这一连续统一体之间的混合组织模式（Gulati，1995；Jiang，2011）。

战略联盟作为一种中间形态的组织模式，结合了市场机制和层级机制的特点（胡秋明 等，2020）。有学者指出战略联盟具有市场机制所拥有的激励特征，同时也具有层级机制所拥有的监控和适应能力（Oxley，1999）。然而，在市场和层级两个极端机制之间，战略联盟是接近于市场还是接近于层级，取决于联盟内部所涉及的交易成本的大小：交易成本越高，联盟的层级治理所占的比重越高（如合资企业）；交易成本越低，联盟的市场治理所占的比重越高（如契约联盟）（Jiang，2011）。

现有文献中，大量以交易成本理论为基础的研究探讨了联盟治理机制的选取问题。这些研究通常认为，联盟治理机制选取的目的是最小化联盟内部的交易成本，而最根本的途径是将交易属性和治理结构相匹配（Chiles et al.，1996）。例如，David 和 Han（2004）对 63 篇基于交易成本理论的研究进行了总结和评述，发现其中有 24%的研究认为不确定性与层级治理结构正相关，16%的研究认为不确定性与层级治理结构负相关，剩余 60%的研究则认为这两者之间不存在显著的关系。Santoro 和 McGill（2005）指出，作为一种"无法收回的投资"，高水平的资产专用性可能会在联盟中产生敲竹杠（hold-up）问题，这将促使联盟企业更倾向于采用层级治理机制来规避伙伴机会主义风险。国内学者如黄玉杰等（2008）认为，伴随着联盟合作中专用性资产、合作的业务领域以及合作时间的增加，企业更可能选取昂贵的股权联盟（如形成基于股权的合资企业）。另外，还有少量以交易成本理论为基础的研究强调联盟绩效的好坏主要取决于联盟交易成本的大小。比如，Brouthers 等（2003）认为，基于交易成本考虑所选的治理结构，将会为联盟带来更好的绩效表现。Judge和Dooley(2006)认为,联盟中的机会主义风险越高,企业用于协调和监控伙伴行为的成本越高,进而不利于联盟绩效的提升。

在以往研究中,交易成本理论得到了战略联盟研究学者的广泛关注与认同,它在强调合作成本最小化的基础上,对联盟外部的竞争环境和联盟内部的治理机制投入了较多的关注。然而,过于强调机会主义行为所引起的交易成本,却没有对资源、关系以及文化等影响联盟运行的重要因素给予足够的重视,会造成交易成本理论对联盟现象解释力度不足、有些联盟治理问题无法解释的缺陷。

2.1.2 关系交换理论

Macaulay(1963)在先前研究集中于探讨以契约为基础的交易伙伴关系的基础上,开创性地提出了非契约关系的概念,构成了关系交换理论的基础。Macneil(1978)进一步将交易分为非连续的"单一交易"和连续的"关系交易",他认为单一交易仅涉及一种股权、产品或服务转移的交易,比如出售一件商品或提供一项服务等(Goldberg,1976),且单一交易的每一方具有相对独立的身份,在经济和法律允许的范围内使各自的目标最大化。然而,关系交易则相反,它通常是在特定的历史与社会环境中进行,且各交易方之间均存在或多或少的关联(Kaufmann et al.,1988)。这些观点的提出促进了关系交换理论的进一步发展。邓春平和毛基业(2008)[26]指出,"根据他(Macneil)的观点,以一次为限的个别契约在现代社会经济实践中并不是普遍现象,处于伙伴关系中的当事人一般都将很多契约条款悬而不决,留待以后根据商业需要再做调整,这就形成了所谓的关系契约"。关系契约或关系规范(relational norms)的存在与否是区别单一交易和关系交易的主要依据。Mcnicoll(1982)提出,"各方需要关系规范来保证未来合作的顺利进行"。关系交换理论认为,关系规范不同于市场机制和层级机制,它是一种内部情感控制机制(Glover et al.,2021;Larson,1992;王雍君,2022),可以激发各方的承诺并抑制机会主义行为(Joshi et al.,2010),因而成为关系交换理论的核心。然而,这一理论对于关系规范的影响效应并没有给出清楚、有力的解释,因而Heide(1994)认为关系交换理论更像是一个描述性理论。

在本书所关注的战略联盟背景下,关系交换理论主要用于分析关系治理这一类联盟治理机制,主要包括如下两个研究分支:①识别重要的关系要素(梅姝娥等,2013)。例如,Goles和Chin(2005)在提出承诺、一致、文化相容、灵活性、相互依赖、信任等六种关系属性以及交流、冲突解决、合作、协调、统一等五个关系过程后发现,关系过程将会对关系属性产生影响。Griffith和Myers(2005)认为,只有当关系规范和企业所处的文化环境相匹配时,其作用才能得以实现。Paulraj等(2008)认为,长期关系导向有助于提升企业间的沟通水平,进而对合作绩效产生积极影响。王安宇等(2006)认为,关系契约对合作研发绩效尤其是持续合作有着重要影响。邓春平和毛基业(2008)认为,沟通和相互调整等关系规范正向影响对日软件外包的成本控制绩效。②探讨契约治理和关系治理这两种治理机制之间是替代还是互补关系。替代关系意味着契约治理和关系治理此消彼长,表现为一种治理机制的存在将会削弱另一种治理机制作用的发挥(De Jong et al.,2008;Lee et al.,2006);互补关系意味着这二者相互促进,表现为一种治理机制的存在将会促进另一种治理机制作用的发挥(Goo et al.,2009;Poppo et al.,2002)。

在解释战略联盟治理与管理问题中,关系交换理论发挥着重要作用。例如,Dyer 和 Chu(2000)认为,关系治理理论强调了信任的重要性,指出信任能够减少联盟双方的冲突,维持联盟稳定并有利于联盟绩效的提升。Baker 等(2002)发现,专有性投资的所有权,即采取一体化还是非一体化方式,将会影响关系契约的执行力度。Levin(2003)发现,在单向信息不对称存在时,关系契约可以很好地解决不对称信息的激励问题。Plambeck 和 Taylor(2006)发现,在双向信息不对称的情况下,一方如果能够监控另一方的投入水平,将有助于提高关系契约的激励效果。尽管这些文献丰富了关系交换理论在战略联盟背景下的研究,但是过度重视关系契约的经济性而对其关系性关注不足,以致难以对关系交换理论的作用有相对全面的认识。此外,考虑到再好的合作关系都可能出现企业间意见不一致的情况,这将大大增加机会主义风险出现的可能性,以致基于信任的伙伴间关系可能会被滥用,即联盟一方可能会利用另一方的信任来开展机会主义行为以使自我利益最大化,致使信任关系出现阴暗面。因而,关系交换理论可能过度夸大了企业间关系规范和信任的作用,需要对此进行进一步分析。

2.1.3 公平理论

自 Adams(1963)提出公平理论以来,公平概念在组织学与社会学领域被广泛采用,其发展首先起源于对分配公平的研究(Greenberg,1990;Janssen et al.,2010;Laczniak et al.,2011),并逐步延伸至程序公平(Kim et al.,1998;Luo,2007;Luo, 2008;Walumbwa et al.,2010)、交互公平(Luo,2007;Roy et al.,2012)、人际公平(Holtz et al.,2014;Johnson et al.,2014)与信息公平(Ellis et al.,2010;Patient et al.,2010)等多个维度和领域。尽管近年来学者们对联盟过程(alliance processes)的研究逐渐增多并取得了一定的进展(Christoffersen,2013;Lee J,2013;Slater et al.,2012),而且相关文献也涉及了联盟公平问题(Luo,2007;Luo,2001),但不可否认的是,有关联盟公平的研究仍然很不充分。

事实上,战略联盟背景下的公平研究是公平理论在组织学领域的延伸,基于战略联盟这一独特研究对象,探究战略联盟中伙伴企业的公平识别问题。且在当前文献中,战略联盟背景下的公平识别研究主要集中在分配公平和程序公平这两类公平识别概念上(Griffith et al.,2006;Luo,2005;李垣 等,2009),二者共同构成联盟公平的二元模型(Griffith et al.,2006;Hauenstein et al.,2001;Luo,2007),以其独特的交互效应、组合效应和调节效应对战略联盟运行、演进和结果产生全方位影响。

基于传统的公平理论,战略联盟背景下的公平识别能够营造良好的合作氛围,对联盟双方的合作动机产生积极影响,进而促进联盟绩效的提升(Das et al.,1998)。Luo(2007)提出公平对联盟绩效具有直接的正向作用,其中程序公平以“信任”为作用路径,相较于分配公平的正向作用更为显著,这一作用还会受到文化差异等多种因素的影响,这一研究思路和相关研究成果构成了后续研究的基础(刘娴 等,2013),也将成为本书研究的一个重要理论基础。

2.2 企业间联盟相关概念的研究进展

2.2.1 联盟成功

很多战略联盟研究学者从不同视角对联盟成功(alliance success)进行过阐释和定义。由于战略联盟是两个或两个以上企业共同投入资源以实现共同目标的一种中间组织形式(Bucklin et al.,1993;Day,1995;Greenberg,1990),联盟成功与否与联盟企业的合作目标是否实现具有很大的关联,不同学者对此进行了细致的分析。例如,Hunt 和 Morgan(1996)认为,联盟成功是联盟各方都达到了自己的预期目标。Kale 和 Singh(2007)将联盟成功定义为联盟企业合作绩效的增加。更为一般的联盟成功定义,是指在经过一段时间的运行之后,联盟目标被实现的程度(Lunnan et al.,2008;李林蔚 等,2013)。基于先前研究,本书将联盟成功定义为联盟企业对预期合作目标实现程度的满意度。

同样,现有文献对联盟成功的测量也存在不同意见。事实上,除了合资企业等股权联盟是独立的法律实体(等同于一般意义上的企业)外,很难用传统的会计或财务指标衡量非股权联盟(如契约联盟)的绩效(Kogut,1989),以致联盟成功的测量存在困难,Gulati 和 Singh(1998)等多个学者认为,这些困难主要体现在难以以一致且适当的方式衡量联盟绩效、收集必要且大样本联盟绩效数据存在挑战等。联盟成功的测量方法主要包括主观评价和客观评价两类(Li et al.,2017)。其中,客观评价主要衡量联盟的财务指标包括联盟(主要为合资企业)的资产收益率(ROA)和净资产收益率(ROE)等,其分析误差较小,但是获取难度较大。主观评价主要衡量联盟绩效满意度和联盟目标实现程度等,其获取难度较小,但是会受到评价人员主观能动性和情绪等因素的影响(Ishiguro et al.,2023)。尽管各有优劣,但学者们通常认为,管理者的主观评估是一种恰当的评估联盟成功与否的方法(Anderson et al.,1989;Anderson et al.,1990;Geringer et al.,1991)。因此,本书采用管理者对联盟合作绩效的满意度来衡量联盟成功。

2.2.2 联盟治理机制

战略联盟通常是指两个或多个独立组织之间的不完备契约，而联盟治理机制是协调、监测和激励这种不完备契约的具体方式(Reuer et al.,2009)。联盟企业可以采用多种形式的治理机制，被广为接受的治理机制类型包括契约治理机制和关系治理机制两种类型(Cao et al.,2015)。

1)契约治理机制

根据交易成本理论，人具有有限理性，无法事先预知未来可能出现的所有情况，并且每个人都或多或少具有投机倾向，这就可能导致组织间合作出现投机行为。Williamson(1985)认为可以通过签订正式的契约来抑制合作中的风险。契约治理，又称为正式治理(Zhang et al.,2013)或者正式契约(Li et al.,2010)，强调使用正式契约来规范交易过程，对风险分担进行清晰、可量化的规制，从而能够减少合作伙伴的机会主义行为，降低合作的协调成本。契约治理的实施通常需要涉及第三方力量如法律、政府等，未违反契约条款的一方可以依赖第三方力量来保护自己的利益(Saussier et al.,2002;吴德胜 等,2010)。

很多学者都对契约治理进行了定义，相应的文献具体见表 2-1，可以看出学者们都认为契约治理是一种正式控制方式。

表 2-1 契约治理的定义

作者	文献年份	定义
Macneil	1978	一种对未来将要采取的特定行为的义务或承诺
Lyons 和 Mehta	1997	两个或两个以上行为主体共同签订的具有法律约束力的书面协议
Saussier 和 Masten	2002	各方认可和同意的具有法律效力的承诺
Zhou 和 Poppo	2010	交易双方达成的正式协议，详细规定了双方的责任和义务
Krishnan 等	2016	使用一系列广泛的术语和条款，指定相互的权利和义务，并对违规行为进行法律和私人制裁
Abdi 和 Aulakh	2017	组织间关系由一个明确规定每一方责任和义务的正式和书面合同管辖的程度

对于契约治理的构成维度，很多学者都提出了自己的见解，相应文献见表 2-2。总而言之，大多数学者对契约治理的维度划分是以控制和协调两个维度为基础的。Mellewigt 等(2007)认为契约控制指联盟成员根据所达成的合作协议，对联盟过程和联盟绩效进行监督与控制，并通过相应的机制和制度设计，激励合作伙伴保持良好的合作动机和信念，并按协议的规定对伙伴机会主义行为进行惩罚。Beatty 等(1996)认为契约协调是指对未来合作事项的一种事前制度安排，当双方在签订契

约时，是否预测了合作中可能发生的问题并对此规定了相应的解决方案，是否明确合作各方的要求和期望以及各方的权力和任务。

表 2-2 契约治理的维度

作者	文献年份	维度构成
Woolthuis 等	2005	控制、协调、应急和承诺象征
Luo	2005	任务描述、未来事件适应和法律效力
Mellewigt 等	2007	控制和协调
Reuer 和 Ariño	2007	强制和协调
Ryall 和 Sampson	2009	契约细节、监控和惩罚

2)关系治理机制

关系治理也被称为关系机制(Jayaraman et al.,2013)或者社会控制(Li et al.,2010),源于 Macneil(1978)的关系交换理论。不同于依赖正式结构的契约治理机制,关系治理机制依赖于非正式的结构和每一位成员的自我约束。因此,关系治理强调使用互信、承诺、合作等关系规范(庄贵军 等,2008),而不是通过明文规定来管理企业间的合作。这种机制最为主要的特征是依赖合作伙伴的自我履行,并不需要第三方力量来实施控制行为(Saussier et al.,2002)。关于关系治理的定义,学者们提出了很多观点,相应文献见表 2-3,这些定义从不同的角度对关系治理进行了界定。

表 2-3 关系治理的定义

作者	文献年份	定义
Granovetter	1985	由社会规则构成
Heide 和 John	1992	合作各方基于共同目标,通过信任、承诺、合作以及联盟解决问题等关系规范和联合行动的机制来保护专有资产,从而维持合作关系
Zaheer 和 Venkatraman	1995	包括重要的关系专用资产以及高水平的组织间信任的企业间交换
Claro 等	2003	交易各方通过联合行动以解决交易问题
Mesquita 等	2008a	一种能够影响交易行为的非正式协议或不成文的行为准则
Zhou 和 Xu	2012	组织间关系由社会关系和共同规范支配的程度

虽然学者们的定义并不完全相同,但可以看出关系治理涉及人际信任、承诺、非正式控制、联合行动和合作等一系列关系层面因素,是一个多维度概念,因此学者们也提出了关系治理的构成维度,相应文献见表 2-4。一部分学者认为关系治理是由一系列内在规则和外在形式所构成,另外一部分学者认为应从关系治理的

组成要素来探讨关系治理的构成维度。

表 2-4 关系治理的维度

作者	文献年份	维度构成
Zaheer 和 Venkatraman	1995	结构和过程
Poppo 和 Zenger	2002	开放式沟通、信息共享、信任、相互依赖和合作
Grandori 和 Soda	2006	内在规则与外在行为
Wang 和 Wei	2010	信任、承诺、协调和联合解决问题
Poppo 等	2008b	合作、分享目标与计划以及信任
庄贵军等	2008	共同制订计划和共同解决问题
Abdi 和 Aulakh	2017	信任和关系

3)联盟治理机制的影响效果

契约治理和关系治理作为联盟治理的有效手段,对联盟关系的发展至关重要,接下来将分别阐述契约治理和关系治理的影响效果的相关研究。

(1)契约治理机制的影响效果。通过梳理现有研究,本书发现学者们主要关注契约治理对机会主义行为、知识转移和合作绩效三个方面的影响。

①契约治理对机会主义行为的影响。契约治理通过明确相互的权利和义务、敏感信息的处理以及解决冲突的程序(Lumineau et al.,2012),对联盟内部的风险分担进行清晰、可量化的规制,并对违规行为进行法律和私人制裁(Krishnan et al.,2016),从而能够减少合作伙伴的机会主义行为。基于中国国内生产商与分销商的样本数据,Liu 等(2009)实证研究发现契约治理与机会主义行为减少和关系绩效均具有正相关关系。基于中国国内供应商和国外购买商的样本数据,Zhou 和 Xu(2012)通过实证分析发现了关系治理对契约治理与供应商机会主义行为具有显著的负向调节作用。

②契约治理对知识获取、转移和保护的影响。在战略联盟中,知识可以很容易地被合作伙伴低成本访问、利用和模仿,因此容易导致保护成本较高(Kogut et al.,1993)。契约治理可以控制共享信息的类型、数量和质量等,通过限定合作关系的法律边界以及详细的排他性条款(Nielsen,2010),减少知识转移超出自己意愿范围的风险(Lee et al.,2006),进而有利于知识的获取、转移和保护。因此,学者们通过实证研究发现,契约治理能够促进合作伙伴之间的知识获取(Lee et al.,2006)以及知识转移(Long et al.,2014);契约治理对显性知识获取比对隐性知识获取的影响更大(Li et al.,2010);越完备的联盟契约会对联盟知识起到越好的保护作用,因而知识泄露风险越小(Jiang et al.,2013)。

③契约治理对合作绩效的影响。签订具有约束力的契约条款具有明显的好处,如果合作伙伴不遵守契约条款,法院可以根据契约的约定进行处罚(Klein,

1980)，而且通过明确阐述的条款，契约可以降低合作伙伴侵占彼此专有资源的机会主义行为的能力和意愿(Wuyts et al.，2005)，因此有利于提高联盟合作绩效。例如，Li 等(2010)基于中国 380 个国内和 200 个国际采购商和供应商关系的调查数据，分析发现契约治理能显著提升合作绩效。基于美国出口商及其主要附属公司的调研数据，Aulakh 和 Gençtürk(2010)研究发现，在东道国市场经济不确定性比较低的情况下，高度的契约制度化在提高合作绩效方面发挥重要的作用。

(2)关系治理机制的影响效果。通过梳理现有研究文献，本书发现学者们主要关注关系治理对知识转移和获取、合作绩效、创新等方面的影响，下面将主要从这三个方面来阐述关系治理的作用。

①关系治理对知识转移和获取的影响。基于信任的关系治理能够提供更灵活的手段减轻知识泄漏，有助于合作伙伴之间公开共享资源和信息(Dyer et al.，2000)，进而能促进知识的转移和获取(Hoetker et al.，2009)。学者们的实证研究发现供应商的知识转移与关系治理具有显著的正相关关系(Joshi et al.，2003)；关系治理促进了联盟合作伙伴之间的知识转移(Lee et al.，2006)；信任大大促进了交换关系之间的知识流动(Zhang et al.，2013)；买方与其主要供应商的关系联结对获取该供应商的特定知识有倒 U 型效应(Zhou et al.，2014)。

②关系治理对联盟合作绩效的影响。关系治理能够促进交易双方之间的合作和相互尊重，并且能制止不法行为，减轻适应问题(Poppo et al.，2002；Zhou et al.，2008)，从而降低谈判、协调、监控等成本，促进联盟合作绩效的提升。现有研究表明，关系治理不仅能够减少企业合作的搜寻成本，还能降低合同执行、沟通协调以及机会主义行为监控等多种成本，从而提高合作绩效(Lui et al.，2006)；关系治理可以降低讨价还价和谈判的成本，促进联盟绩效的提升(Lavie et al.，2012)；购买商和供应商之间的团结规范能够抑制购买商的机会主义行为，提高供应商的绩效(Heide et al.，2014)；关系规范与出口商的出口绩效有正相关关系(Navarro-García et al.，2016)。

③关系治理对创新的影响。关系治理能够提高合作伙伴应对不确定性的能力(Wang et al.，2011)，并激励合作伙伴增加对知识转移和沟通的开放性(Zaheer et al.，1998)，从而促进伙伴间学习的效率效果(Muthusamy et al.，2005)，有利于创新绩效的提升。现有研究发现，信任和供应链企业的创新绩效之间存在正相关关系(Wang et al.，2011)；客户与供应商之间的高质量关系确实有助于实现战略创新(Oshri et al.，2015)；随着竞合程度的增加，关系治理提高了垂直联盟产品的创新性(Bouncken et al.，2016)；关系治理加强了买方和供应商的有效性(例如联合创新)(Clauss et al.，2016)。

4)契约治理机制与关系治理机制的关系

最初，经济学和社会学领域的研究者倾向于将关系治理视为对契约治理机制的替代,而 Poppo 和 Zenger(2002)研究证实了契约治理和关系治理具有互补效应,后来学者们发现二者可以相互替代或互补(Goo et al.,2009;Gopal et al.,2012;Mellewigt et al.,2007)。因此,现有文献对于两种治理机制之间的关系主要存在三种观点:替代关系、互补关系和并存关系(既存在替代又存在互补)。

(1)替代关系。有学者认为联盟企业在资源约束的情况下单独使用契约治理或关系治理时,两种治理方式分别对合作绩效有积极的影响;而当组合使用这两种治理方式时,他们对于合作绩效的"净积极作用"会减少,甚至会有消极影响,因此将契约治理和关系治理视为替代关系(Sundaramurthy et al.,2003)。Huber 等(2013)研究发现,关系治理的作用可以抑制正式治理的功能。Bstieler 和 Hemmert(2015)对来自韩国 119 家新产品开发合作的样本数据分析显示,当同时使用契约治理和关系治理两个机制时,合作满意度的正回报会减少。还有一部分学者认为特定情境下契约治理和关系治理两种治理方式的一种比另一种更有效,并建议在某些条件下选择某一种治理机制。例如,Vlaar 等(2007)观察到,如果外包联盟伙伴之间不信任,正式治理就会替代关系治理。基于对韩国信息技术(IT)主管的调查收集到的数据,Goo 等(2009)发现当管理性质发生变化时,正式治理会替代关系治理。

(2)互补关系。另外一些学者从不同的视角出发,指出契约治理机制和关系治理机制应该是相互补充而不是替代关系(Cao et al.,2015;Poppo et al.,2002;Zhou et al.,2012),而且情境因素也会影响契约机制和关系机制组合治理的效率效果(Hoetker et al.,2009)。Hoetker 和 Mellewigt(2009)利用来自德国电信行业的数据研究发现,当联盟中财产型资产的数量较多时,应该使用契约治理机制;当联盟中知识型资产的数量较多时,应该使用关系治理机制,因此两种治理机制部分相互补充。Cao 和 Lumineau(2015)对来自 149 个实证研究的 33051 个组织间关系进行元分析的结果表明,与采用单一机制相比,使用两种治理机制的组合能使联盟更有效地运行。Bouncken 等(2016)基于医疗器械行业中 372 个垂直联盟的调查研究发现,当企业同时使用契约治理和关系治理时,垂直竞合联盟可以获得新的方法来提高其产品创新性。

(3)并存关系。还有一些学者在互补与替代两个对立的观点基础上,提出两者之间存在第三种可能的关系——契约治理与关系治理既相互替代又相互补充,即并存关系(Malhotra et al.,2011;Tiwana,2010;Weber et al.,2011)。Tiwana(2010)将契约治理划分为行为控制和结果控制两种机制,实证研究发现关系治理与行为控制是互补关系,而与结果控制则是替代关系。Li 等(2010)研究发现,正式控制和社会控制在国内买家和供应商关系中是替代关系,但它们在国际买家和供应商关系中则是补充关系。Olander 等(2010)采用案例研究发现,在探索阶段,关系治理可能会与契约治理相互替代;在发展阶段,两种治理机制则相互补充;在最终确定阶段，两种机制都将发挥作用，但契约治理的作用可能更为显著。Weber和Mayer(2011)研究指出不同类型的契约与关系治理存在不同的关系，防御型契约与关系治理呈现替代关系，而发展型契约与关系治理之间是互补关系。

此外，Malhotra和Lumineau(2011)提出，契约控制阻碍联盟成员间善意信任的发展，而契约协调有利于增强成员间的沟通和理解，进而提高善意信任水平。Zhou和Xu(2012)研究发现，在法律制度薄弱的地方，关系治理为法律制度提供了一个代理，补充了详细的契约，以确保契约执行；而在法律制度完善的地方，契约治理与关系治理互为替代。Jiang等(2013)发现，在影响联盟知识泄露的过程中，善意信任和契约治理起了互补作用，而能力信任和契约治理起了替代作用。Wallenburg和Schäffler(2014)实证研究发现，如果正式控制机制通过关系治理建立的基础协议实现合法化，那么这两种治理形式是互补关系；如果缺少这种通过社会契约实现的合法化，则互补关系是不成立的。Lioliou等(2014)则使用心理契约概念进一步对关系治理实施更深入的评估，认为心理契约的心理约束性使其成为正式治理强有力的替代，而心理契约与其他关系层面的联系则使其成为一个强有力的补充。李晓冬和王龙伟(2016)从信任和契约的作用对象的角度解释了契约和信任之间是互补还是替代的争议，认为契约和信任对于显性知识获取是互补的作用，对于隐性知识获取是替代的作用。

还有学者从其他方面进行了解释，然而，虽然众多学者深入分析了契约治理和关系治理之间的替代、互补或并存关系，但关于这一主题的研究依然没有一致的结论，需要从不同的视角对此进行进一步分析。

2.2.3 联盟公平

鉴于公平理论在组织学和社会学中的广泛应用，公平(justice)的概念在战略联盟这一中间组织形态中也具有重要的作用。正如效率是评价经济交易的核心准则一样，公平是联盟运行效率的一个重要评价指标(Ring et al.,1994)。以公平为准则的联盟评价可以预测联盟在一定时期内的运行状况与未来的趋势走向，检测联盟关系恶化的可能预兆，防止联盟危机的爆发(Gassenheimer et al.,1998; Kumar et al.,1998)。因而，公平作为衡量伙伴行为和联盟结果的准绳，在联盟理论研究和联盟实际运营中愈发被重视，这也是联盟公平研究的意义所在。

总体来说，当前学术界研究联盟公平对联盟结果变量的影响分为两条主线，第一条主线主要围绕着联盟双方的公平识别对联盟演化、联盟评价、联盟治理、联盟绩效等变量的直接影响展开(Africa et al.,2010; Hearld et al.,2013; Poppo et al.,2014)，例如，学者们研究认为联盟双方的高水平公平感知能够增加联盟成员之间的关系满意度，提高联盟承诺(Luo et al.,2015)，加强联盟成员之间的交流(Kim et al.,1998)，减少联盟冲突(Contractor et al.,2015)，减少机会主义的负面影响

(Luo et al.,2015),营造良好的联盟氛围(Das et al.,1998),最终影响联盟绩效(Dyer et al.,2000;刘婀 等,2013;Luo et al.,2015)。Doz(1996)建立了联盟演化模型,通过效率、公平和适应性标准对联盟学习进行评价。其中,联盟伙伴的公平识别能够影响成员的长期导向和关系型行为,增加成员对联盟的满意度并减少成员间冲突,提前化解联盟危机,这一点对联盟发展作用非凡(Brown et al.,2006)。

另一条研究主线围绕着联盟双方的公平识别能够通过间接作用影响联盟绩效展开。最典型的研究是公平识别通过影响联盟承诺,进而对联盟绩效产生影响(Johnson et al.,2002;Kim et al.,1998)。例如,李垣等(2009)通过对250家有联盟经验的医院数据进行实证分析,验证了联盟公平识别(区分为分配公平和程序公平)通过联盟承诺的中介作用,对联盟绩效产生正向影响。Luo等(2015)基于中国家电行业对这一观点进行了再一次验证,尤其还针对业内大型企业研究了公平在渠道联盟之中发挥作用的路径。其研究结论表明,公平识别能够通过影响成员之间的满意度进而影响联盟绩效,供应商的角色绩效通过公平感知对分销商的满意度产生影响,即分销商感知到的公平影响自身的满意度(Yilmaz et al.,2004),通过满意度的提升影响渠道联盟的整体绩效。此外,有研究指出联盟中保持较高水平的公平还能够通过信任这一中间变量强化联盟绩效的提升(Ireland et al.,2007)。营销学派在研究分销渠道联盟时也得出相近的结论:公平在维系联盟关系、影响整体绩效方面有着重要作用(Brown et al.,2006),具体表现为通过对联盟成员的态度与行为的间接作用,从而最终影响联盟绩效。

联盟公平研究在以联盟绩效为代表的各类联盟主题研究中均有着十分重要的地位,联盟公平这一概念本身的研究共识是联盟公平的二元模型,即将联盟公平划分为分配公平和程序公平两个维度,研究中对这两个维度或单独涉猎或相互交叉或同时探讨(Skarlicki et al.,1997),因而有必要基于现有文献对联盟公平二元模型的研究,对分配公平和程序公平各自的具体内涵、特征以及组合效应等问题进行阐述。

1)分配公平

分配公平(distributive justice)的概念始于Adams(1963)提出的公平理论,是公平理论最初探讨的概念,也是后来公平的多元模型必不可少的要素之一,其最早用来描述组织中的成员对于工作难易、付出程度、收入高低等与他人相比较所感知的是否公平的一种判断,当组织成员将自己与其他成员的所得和付出进行比较之后,认为自己的所得与付出是公平的,则会产生正向情感,有较高的满意度,会更加积极地工作;当组织成员觉得比较的结果是不公平的,则会产生消极的情感,组织成员会采取一系列措施降低这种不公平的感觉。随后,学者们在分配公平的基础上提出了公平判断模型(Greenberg,1990),界定了公平的三种判断标准(Deutsch,1975),即公平、相等和需要。同时,分配公平的标准遵循经济交易的方法,强调结果反应输入(史会斌 等,2008b)。这一模型的提出丰富和拓展了传统的公平的理论,为后人研究联盟公平提供了新的思路。

在战略联盟研究领域中,分配公平的研究也一直备受关注。一些学者对分配公平的衡量和评价做出了补充和扩展,认为分配公平应当不仅仅包括对经济价值的评价,还应当引入对社会价值的衡量(Gassenheimer et al.,1998)。另一些学者基于对供应链的研究,将分配公平作为经济政策探讨,认为分配公平有着长短期之分,供应商可以通过忍受短期的分配不公平而实现长期的分配公平,最终提升供应链的总绩效(Griffith et al.,2006)。此外,在探讨跨国合资企业的分配公平时,Luo(2005)将其定义为联盟成员依据自身的承诺、责任、贡献,把对合作的最终成果的分享程度作为考量分配公平的依据。

随着分配公平研究的开展和丰富,分配公平被进一步细化为不同的类别。其中比较显著的划分包括两种观点,一种观点是将分配公平划分为正向和负向两类(史会斌 等,2008b),即企业以自身的投入产出比率作为判断标准,与联盟伙伴相比较,若这一比率超过联盟伙伴则会收获正向分配公平感,反之则收获负向分配公平感,这种解释某种意义上细化了分配公平在联盟中的存在与地位;另一种观点着眼于合资企业,将分配公平区分为基于绩效的分配公平和比较性分配公平(Leung et al.,2001),具体研究企业中员工内在公平感和其外在态度与行为,从员工的公平向企业内公平与联盟内公平逐步扩展,切合组织学派的研究规律。尽管学者们对分配公平进行了细分,不同的主体角色和表现形式有所差异,但从本质上看,分配公平仍然代表的是付出与回报的比较,在战略联盟研究领域也有着比较一致的研究观点,因而可以将其视为一个整体变量进行研究。

2)程序公平

程序公平(procedural justice)是在分配公平的基础上发展而来的,随着研究的深入,学者们发现单一的分配公平并不足以解释组织中遇到的所有现象,因而,程序公平的概念应运而生(Lind et al.,1988)。程序公平最具代表性的观点是Leventhal(1980)研究提出的:程序公平是人类对所感知到的决策制定过程的公平性,包括一致性、避免偏见、准确性、可修正、代表性和道德伦理等六项原则。Lind和Tyler(1988)提出了程序公平的两种不同解释模型,即工具性模型和团体价值模型。工具性模型指出,控制过程可以保证获得更多利益的同时,增加合作各方对分配结果的接受程度和相应的公平感知;而团体价值模型则认为,人们会重视与团体的长期关系,个体通过程序公平维持其特定团队的角色,并增加对团队的认同感(Leung et al.,2001)。这两个模型是程序公平的分析基础,对程序公平的相关研究也是基于这两个模型之上展开的,程序公平贯穿于联盟构建、运作和结果分配的全过程之中。Luo(2005)认为,程序公平是影响联盟各方收益的联盟决策过程与程序被认为公平的程度,并在此基础上提出了共享的程序公平概念,认为联盟双方均认可的公平比单方面的公平感知更具意义。

与分配公平关注结果不同，程序公平与组织过程密切相关，会受到组织中多种因素的干预(裴嘉良 等,2021)。学者们指出管理者可以通过控制程序中使用信息的完整性、决策过程中的发言权以及无偏颇的完全随机化程序这三个典型影响因素的有无，对程序公平进行干预和操纵(Cremer et al.,2003)。除此之外，目标差异、联盟成员间熟悉程度、所有权对称性、管理经验也会在组织和个体层面上影响程序公平(Luo,2007)。聚焦联盟整体，可知联盟内部成员之间的显性契约在正向影响分配公平的同时，对程序公平有着负向影响；联盟外部法律法规实施无效率以及政府干预都对程序公平有着直接或间接的影响(高展军 等,2013)。当然，程序公平的影响因素还有很多，目前现有的研究仍旧存在较大的研究空间。

3)分配公平与程序公平的组合效应

自从在分配公平的基础上提出了程序公平的概念，分配公平和程序公平二者就作为公平识别的重要维度，被学者归纳为公平理论的二元模型并对其进行了大量的研究，且先前研究大部分集中探讨了分配公平与程序公平之间的交互效应。由于程序公平是在分配公平无法解释组织某些现象时衍生出来的一种公平维度，基于此，一种观点认为程序公平能够弥补分配公平的不足。例如，Skarlicki 和 Folger(1997)指出，程序公平可以更好地弥补分配不公平所带来的不满情绪，在分配公平处于较低水平之时，程序公平会带来较高的满意度。事实上，在组织层面的研究中，分配公平被指更多与特定事件相关的结果(如对工资、晋升与绩效评价的满意度)相联系，程序公平则和系统相关的结果(如对组织及管理层的信任程度、满意程度等)联系更为紧密(Folger et al.,1989)；而在现实中，依照个体的反应进行考评，当其中一种公平性及效价处于较低水平，另一种公平和个体反应之间则有着较强的正相关性，以程序公平的表现更为明显(Brockner et al.,1996)。例如，如果人们对分配结果感到满意，则很少有人关心分配的过程以及过程之中存在的公平问题。反之，如果人们不满足分配的结果并提出质疑，关注点则集中在分配的过程之中；倘若分配的程序公平，人们在很大程度上将接受分配结果，否则人们的满意度将大幅度下降。这一过程的实质是将对分配公平的质疑转化到了程序公平之上，即程序公平降低分配公平的影响。这一点是大多数研究所得出的结论，也是现今联盟二元公平研究的主流方向，有待于进一步探究其深层次的理论发展。

另一种观点则指出，程序公平能够提高分配公平影响的作用，在分配公平没有保证的时候，人们会更加重视程序公平，在程序公平得以保证的时候，人们会更加重视分配公平(赵红丹 等,2020)。人们对于不满意的结果，总会追本溯源对其原因进行寻找与探究。当分配结果不公平，但得出这一分配结果的组织程序公平无可置疑时，人们就会将分配不公平归咎于个体差异，从而倾向于接受分配不公平这一结果。Kees 等(1999)指出高度程序公平之下人们更重视分配结果，并对结果的不公平产生消极心态。此外,还有学者指出程序公平是实现分配公平的保障和工具,即程序公平一方面通过评估交易伙伴的收益贡献比保证最终分配依据的完备;另一方面通过增加交易伙伴间的信任,尽可能压制机会主义、利己主义的出现以保证分配公平(Brockner,2002)。这是因为,虽然分配公平能够营造良好的联盟氛围,能对合作双方的动机产生正向影响(Das et al.,1998),但联盟之中存在关系风险和运行风险,加之信息不对称性,分配公平可能受到影响,联盟成员将难以获得相应回报,因而有必要强调程序公平,使之成为企业评估分配公平的工具(Das et al.,1998;Luo,2008)。由此可知,联盟的程序公平可以为联盟成员提供合作伙伴的可信程度信息与成员交易分配结果,为企业进行分配公平的判断提供参考,直接影响联盟分配公平(Luo,2007)。此外,还有少数学者认为程序公平和分配公平分别通过不同的中间机制影响联盟绩效。例如,Luo(2007)认为,程序公平通常以"信任"为作用路径影响联盟绩效,相较于分配公平,其正向作用更为明显,这一作用也受到文化差异等外界因素的影响。当然,程序公平和分配公平都对联盟绩效产生正向作用,也有足够的文献支持(刘娴 等,2013),但仍可以验证程序公平产生正向影响的实质是通过分配公平的中介作用影响联盟绩效(高展军 等,2016)。

2.2.4 不确定性

不确定性无处不在,在战略联盟中亦是如此。由于外部环境的不断变化以及内部成员之间的沟通、交流等多种问题,战略联盟的运行会受到诸多不确定因素的影响。联盟内外部不确定性的存在不利于联盟的发展,使联盟企业无法建立相应的竞争优势,导致战略联盟出现较高的失败率。例如,Gulati 和 Singh(1998)认为,由于缺乏处理环境不确定性与伙伴行为不确定性的能力,许多联盟都以失败告终。Kale 和 Singh(2007)的研究发现,50%以上的战略联盟都因为多种不确定性和风险因素最终走向失败。战略联盟面临着不确定性的影响,将导致联盟绩效与预期相差甚远,甚至导致联盟的失败。不同类型的不确定性是企业进行联盟管理决策的重要决定因素(Leiblein,2003)。许多学者如 Reuer 和 Ariño(2002)以及 Santoro 和 McGill(2005)等将联盟的不确定性划分为外部不确定性与内部不确定性两种类型。事实上,作为一种中间组织形式,战略联盟在面临外部环境不确定性影响的同时,还产生了一种新的内部不确定性即合作伙伴的行为不确定性(Jiang et al.,2017),这些不确定性因素都将对联盟成功产生重要影响。下文将对环境不确定性和伙伴行为不确定性这两类影响联盟运行与结果的不确定性类型进行详细文献评述。

1)环境不确定性

许多学者从不同的角度对环境不确定性进行了界定。例如,学者们将环境不确定性定义为未来自然状况的不确定(Jiang et al.,2017)、难以预测的环境变化

(Krishnan et al.,2016)、易变或动荡的环境对组织活动的外生干扰(Duncan,1976)、企业没有能力预知的行业相关因素的改变(Walker et al.,1987)等。对于本书所探讨的主题,战略联盟作为一种中间组织状态,其运行过程难免受到各种环境因素的影响与干预。Williamson(1985)在战略联盟背景下将环境不确定性定义为预测无法控制的联盟外生因素变化的困难程度。高度不确定性使联盟企业难以感知到环境的当前状态与变化趋势(黄春萍 等,2021),甚至对环境的缓慢变化视而不见,而恰恰是忽视环境的不确定性及其相伴随的风险、没有采取有效的防控手段这二者成为战略联盟高失败率的重要原因。因而,作为战略联盟的形成主体,联盟企业不得不关注环境不确定性给联盟带来的潜在影响,并采取一定的措施以应对环境不确定性的干扰和破坏。

有学者认为,面对高度环境不确定性时,联盟企业可能会选择进行复杂的联盟转变(alliance adaptations)活动(Jiang et al.,2017)。联盟转变可以采取多种措施,比如建立更适合的治理结构、引入第三方监督机构以及采取其他监控方式等,从而降低联盟中的交易成本并提升联盟的绩效。联盟伙伴将权衡联盟转变活动带来的收益与多种不确定性带来的危害与损失。通常,当环境不确定性较低时,联盟成员可以预测外界环境中顾客的需求与偏好,并据此做出准确的联盟行动决策。在这种情况下,联盟成员可以依赖现有的治理结构和治理机制,不会进行多种联盟转变活动而增加额外的治理成本(Jiang et al.,2017)。同时,环境不确定性也要求联盟成员快速做出决策以响应环境的不断变化(Huber et al.,1990)。

不同理论视角为联盟企业应对环境不确定性的选择提供了不同的解释。例如,资源依赖理论认为,企业建立战略联盟的目的是获取自身不具备的互补性资源,资源的专用性越强,企业对其的依赖程度就越大(Dyer et al.,1998)。较低的环境不确定性使联盟企业愿意投入较多的资源以获得可预期的回报,而高度的环境不确定性增加了企业从外界获取资源的难度,使得联盟成员投入专用性资源时更加谨慎,以致资源并不能像预期一样得到有效互补的优化配置(Glaister,1996)。此外,高度的环境不确定性也使企业难以从外界获得发展所需的全部信息,以致联盟决策偏离初衷或无法把控联盟发展趋势,达不到预期的合作效益(Kogut,1989)。

交易成本理论分析指出,企业建立战略联盟的目的是使生产和交易成本最小化,而战略联盟作为一种中间组织形态,往往比市场与层级更加有效,是生产成本与交易成本总和最小化的产物(Ireland et al.,2001)。因此,当外部环境的不确定性较低时,联盟处于一个相对稳定的运营环境中,受到环境变化的干扰较小,能够较为容易地把握潜在的机会与威胁,伙伴企业采取机会主义行为的倾向较小,而基于信任的长期合作更能有效降低合作成本以实现预期目标。然而,随着环境不确定性的不断增加,联盟成员间的合作变得难以预测,伙伴间监督和控制的成本都将显著上升。由于高度环境不确定性造成的信息不对称,联盟成员无法获知全部准确的内外部信息，制定与执行契约的成本也将大大增加，这可能造成联盟的收益减少，甚至导致联盟的解体与失败（Reuer et al.，2002）。

2)伙伴行为不确定性

与环境不确定性不同，伙伴行为不确定性是战略联盟特有的一种不确定性类型（卢强 等，2022）。可以说，相对于环境不确定性的外生性，伙伴行为不确定性主要表现为联盟成员内生的、主观的机会主义行为。与环境不确定性相比，伙伴行为不确定性更难直接通过观测判断，大多数研究往往先假定了机会主义的存在，例如存在伙伴间的扭曲信息、窃取技术、违背契约等（Mellewigt et al.，2015），并在此基础上探究伙伴行为不确定性的影响后果。从其内涵来看，伙伴行为不确定性是由于联盟成员出于自利（self-interest）目的而造成的合作波动（Krishnan et al.，2006）。这一概念的提出可以追溯到 Williamson（1985）的早期研究，他将伙伴行为不确定性定义为难以预测与理解伙伴行为的一种不确定性类型，其产生的原因是联盟伙伴之间战略性地隐瞒、伪造、扭曲信息的可能。此外，伙伴行为不确定性也可以理解为对交易伙伴故意隐瞒或扭曲信息可能性的感知，这种可能性反映了合作伙伴战略性的、有意识的投机动机及机会主义行为带来的威胁（江旭，2008；Mellewigt et al.，2015）。

当伙伴行为不确定性较低时，联盟活动处在一个较为开放与透明的氛围中，联盟成员之间更有可能建立起较高程度的理解和信任水平（Das et al.，2010）。然而，当伙伴行为变得敏感且难以预测时，联盟成员难以准确评估合作伙伴对联盟的承诺与贡献（Santoro et al.，2005），这容易导致较高的监督和控制成本（Brouthers et al.，2003），将潜在促使某些联盟成员采取机会主义行为。由于伙伴行为不确定性引起的潜在机会主义可能带来私人收益（private benefits），联盟成员还可能会夸大自己的能力，违背先前达成的共识、承诺甚至故意逃避责任（Hoetker et al.，2009）。此外，由于战略联盟中还存在由于成员间合作不畅产生的误解与歧义（Mellewigt et al.，2015），即使此时伙伴行为不确定性导致机会主义行为的可能降低，伙伴间协调失败的概率也可能会升高（Gulati et al.，2012），从而最终影响联盟成功。

不同理论视角对联盟企业如何应对伙伴行为不确定性提供了不同的解释。例如，伙伴行为不确定性较低时，联盟成员易于对合作行为进行预测，对合作伙伴的了解程度也较高，从而更易于建立并维持良好的信任与合作关系，因此，联盟各方愿意长期投入并交换互补的知识与资源，不必过多担心伙伴行为不确定性带来的威胁与风险（Niesten et al.，2012）。而当伙伴行为不确定性较高时，由于不可预测的伙伴机会主义行为导致联盟成员推迟投入或不愿意投入资源以防止可能出现的风险，也可能出现贡献资源少于契约要求的“搭便车”行为（Niesten et al.，2017）。此时，联盟企业无法获得发展所需的互补性资源，导致成员间的资源依赖关系难以维系,这将严重威胁联盟的稳定与发展,降低联盟成功的可能性(Jiang et al.,2008)。

同样,当伙伴行为不确定性较低时,联盟成员间比较容易建立完备的契约且各联盟成员违约的概率较小,监督与控制的成本大大降低(Gulati,1995)。然而,随着伙伴行为不确定性的上升,联盟企业为了完成既定目标,不得不花费大量成本监控合作伙伴的行为,甚至会对对方的能力与信誉产生怀疑,这种多方之间的互不信任使得机会主义行为的风险增加,由此导致信息扭曲、技术窃取、逃避责任、违背契约等各类问题,进一步使联盟交易成本大幅上升(Brouthers et al.,2003),最终可能导致联盟土崩瓦解。

2.2.5 联盟冲突

在现有文献中,联盟冲突研究日益增多,学者们对联盟冲突的概念内涵、产生机理及其后果等多个问题进行过广泛而又深入的探讨,因而对联盟冲突进行详尽、细致的文献评述尤为重要。

1)联盟冲突的概念内涵

一般意义上的冲突研究主要源自组织冲突理论。不同学者对冲突的定义有所不同。例如,Fink(1968)认为冲突是"在任何一个社会环境或过程中两个以上的统一体被至少一种形式的敌对心理关系或敌对互动所联结的现象"。Thomas(1992)认为,"冲突是一方成员感到另一方损害了或将要损害自己利益时所开始的一个过程"。对于联盟背景下的冲突概念,学界并没有一个被广泛接受的定义,这与冲突本身难以被定义有关。其中,Das 和 Teng(2002)认为冲突是联盟成员由于某种抵触或对立状况而感知到不一致性的差异,这一定义与本书所探讨的联盟冲突相一致,本书将从这一视角对联盟冲突进行探究。

有关联盟冲突的文献中,早期研究认为联盟冲突会导致联盟绩效的降低继而对联盟成员产生消极的影响(Bucklin et al.,1993;Habib et al.,1989;Zaheer et al.,1998)。然而,随着联盟冲突研究的进一步发展,学者们对联盟冲突的内涵有了更为一般性的理解,他们通常认为,冲突是组织面临的一种无法避免的客观现象,并且适当的冲突可以促进组织的创新与变革,对组织的发展可能产生积极的影响(Jehn et al.,2001;Tjosvold et al.,2003)。冲突的界定也从激烈的对抗转化为一般意义上的意见不一致和观点分歧(周青 等,2014)。联盟冲突并非只对联盟成员产生负面的影响,如果联盟成员能合理地发现并管理冲突,那么冲突也可能对联盟绩效产生正面或积极的影响。

2)建设性冲突与破坏性冲突

回顾已有的联盟冲突文献,不同学者关注于不同的联盟冲突类型,并且冲突的分类方法也有所不同。基于本书的研究目的和结构安排,下面将集中探讨其中两类广为接受的联盟冲突类型,即建设性冲突和破坏性冲突。事实上,随着冲突研究的不断发展,学者们在早先强调冲突负面作用的基础上提出了建设性冲突的概念(Li et al.,2011)。然而,目前有关建设性冲突并没有一个一致而准确的定义。刘江花和陈加洲(2012)提出了区分建设性冲突和破坏性冲突的三个维度,它们分别是冲突结果维度、冲突原因维度和冲突过程维度。

(1)从冲突结果维度看,Robbins(2014)根据冲突对组织效应产生的影响将冲突分为建设性冲突(良性冲突)和破坏性冲突(恶性冲突)。该学者认为判断冲突的标准应以组织整体获利为主要依据,即使存在个人或小部分团体的不满意,这类冲突仍然被认为是具有建设性作用的正向良性冲突,但如果该类冲突对组织整体绩效产生了负面影响,那么它就是具有破坏性的负面冲突。这种对建设性冲突和破坏性冲突的区分方法虽然比较直观,但只能在组织绩效发生变化之后对其不同类型进行判断,这可能导致组织错失在冲突发生时或发生前减少或避免破坏性冲突发生的可能性。且由于组织绩效是多种因素共同作用的结果,在实际操作层面,将冲突对绩效产生的影响分离出来是十分困难的,因此,这类区分方法的事后性十分明显。

(2)从冲突原因维度看,由Jehn(1995)提出的任务冲突被认为是一种建设性冲突,其产生的原因是组织成员对任务的理解以及寻求最佳解决方案所产生的不同意见和观点。事实上,这种冲突是以对工作内容不同理解为出发点的冲突,组织成员就相关任务和工作问题提出自己的看法,对组织来说是有利的。Amason(1996)的研究表明,这类冲突有助于组织做出高质量的决策,并且帮助每个成员充分地了解决策的过程。与此相反,关系冲突往往被视为一种破坏性冲突,它会降低成员对组织的满意度和忠诚度(Jehn,1995;Janssen et al.,1999)。由此看来,建设性冲突和破坏性冲突可以从冲突产生的原因进行区分。

(3)从冲突过程维度看,冲突是建设性冲突还是破坏性冲突主要取决于成员之间关系是否稳固、彼此之间是否能够相互配合、成员对冲突结果是否感到满意。在某种意义上,如果组织成员提高了解决未来冲突的能力,那么冲突就具有建设性的积极作用(雷培莉 等,2000)。江勇和李步峰(2003)认为,建设性冲突的特点体系是成员乐于交流并且以争论问题为中心,成员关心企业共同目标的实现程度。事实上,一种冲突是否是建设性的取决于组织对于冲突的管理,因而冲突的建设性不仅仅取决于冲突本身,也取决于组织如何处理冲突。

上述有关冲突类型的识别方法各有优缺点,可以综合使用这些方法来确定联盟冲突的建设性或破坏性本质,从而对联盟冲突的类型有一个更为深入的理解和把握。

■ 2.3 本章小结

本章首先介绍了战略联盟治理与管理的理论基础，包括交易成本理论、关系交换理论和公平理论；然后对联盟成功、联盟治理机制（契约治理和关系治理）、联盟公平（分配公平和程序公平）、不确定性（环境不确定性和伙伴行为不确定性）、联盟冲突（建设性冲突和破坏性冲突）等相关概念及其研究发现进行了系统评述，为下一章理论模型及相关假设的提出奠定了理论及概念基础。

第3章 概念模型与研究假设的提出

3.1 研究要素的界定及模型的提出

3.1.1 本研究各要素的概念界定

根据本书的研究目标、内容设计和结构安排，以下几个关键研究要素成为本书的主要研究变量：联盟治理机制、公平识别、联盟成功、不确定性和伙伴间冲突。事实上，虽然本书在上一章"理论基础与研究进展"部分已经系统地介绍了这几个变量的研究现状与相关研究结论，但为了更加清楚地论述本章提出的概念模型和逻辑假设，本节将对这几个研究要素进行更为明确的概念界定。

(1)联盟治理机制：是指在战略联盟背景下，联盟成员间"组织交易的方式"(Williamson et al.,1981)，其目的是选择一种合适的方式来控制联盟伙伴的非合作倾向与机会主义行为，从而促进联盟成员间的合作。联盟治理机制通常可以划分为正式的契约治理和非正式的关系治理两种类型，其中契约治理是一种通过具有法律约束力的书面契约形式确立联盟参与各方应当扮演的角色、承担的责任以及实施非合作行为所受到的惩罚措施，从而使得联盟各方按照期望的目标来行动的一种治理机制(江旭，2008；Mellewigt et al.,2007；Salbu，2010；Woolthuis et al.,2005)。学术界对契约治理的作用存在着两种不一致的观点，一些学者认为契约治理是伙伴间交易的基础，有利于合作的顺利开展(焦俊 等，2007；Lyons et al.,1997；Liu et al.,2009)；另一些学者认为契约治理的存在意味着伙伴间的"不信任"，不利于合作的开展(Ben-Ner et al.,2009；Das et al.,1998；Ghoshal et al.,1996；Nooteboom，2004；Zhou et al.,2012)。本书认为，契约治理作为联盟治理机制的一种重要类型，对联盟成功起到非常重要的促进作用，因而具有十分显著的研究意义。与契约治理相对应，关系治理是一种建立在共同目标上的治理方式，合作各方通过信任、承诺和合作等关系规范来联合行动、联合解决问题，是一种灵活的双边治理机制(Abdi et al.,2017；Goo et al.,2009；Heide et al.,1992；Heide，1994；Poppo et al.,2008b；杨光飞，2009；庄贵军 等，2008)。在本书所关注的情境下，由于中国社会重关系、讲感情（Li et al.，2015；张闯 等，2014），当人们相互信任时，彼此之间矛盾和冲突发生的概率会大大地降低，合作的效率也会相应地增加，这使得关系治理在现实中受到了更为广泛的使用（Dyer et al.，2000；Huang et al.，2014；Jiang et al.，2017）。此外，我国尚处于转型和发展阶段，在一些情况下，不健全的法律法规、规章制度非但不能有效地处理冲突，还会增加解决问题的成本，因此，企业在很多时候更倾向于依靠关系治理来解决联盟合作中的矛盾和问题（庄贵军 等，2008；杨光飞，2009；孙国强，2003；刘益 等，2007）。

（2）公平识别：是联盟双方对联盟协议签订、决策制定与实施、联盟治理过程的程序设计以及联盟最终利益分配是否能够反映联盟双方各自投入的主观感知（Colquitt，2001）。将公平理论扩展到战略联盟背景，学者们认为联盟中伙伴的公平识别主要表现为程序公平和分配公平的二元模式（高展军 等，2016；史会斌 等，2008a）。其中，程序公平是联盟各方对联盟谈判、协议签订与执行、决策制定过程的公平感知程度（Colquitt，2001；Kumar et al.，1995）。判断联盟程序设计是否公平，依据的评价标准包括一致性、避免偏见、准确性、可修正、代表性和道德伦理等几项原则（Lind et al.，1988）。分配公平是指联盟伙伴对于合作所得到结果的认同程度，即双方的收入与回报相对于各自对联盟所付出的财力和物力的匹配感知程度（Kumar et al.，1995；Luo，2007）。分配公平对联盟成员的影响更为直观、明确，如果能够在联盟最终结果分配上实现公平，将会激发各联盟成员的合作热情，能够对联盟的运行起到积极作用（Gassenheimer et al.，1998；Luo，2008）。

（3）联盟成功：是指经过一段时间运行以后，预期的联盟目标被实现的程度（Lunnan et al.，2008；Li et al.，2017）。在现有研究中，联盟成功主要通过主观评价和客观评价两种方式进行测量。其中，客观评价主要通过衡量联盟的财务指标包括联盟资产收益率（ROA）和联盟净资产收益率（ROE）等来实现，具有较小的分析误差但获取难度较大；主观评价虽具有较小的获取难度但会受到评价人员主观能动性的影响（Geringer et al.，1991；Krishnan et al.，2006）。与 Kale 等（2002）、Li 等（2017）的研究相一致，本书采用联盟合作绩效的满意度这一主观评价方式进行联盟成功的测量。

（4）不确定性：是指联盟在运行过程中可能导致联盟动荡甚至失败的一系列不确定因素，通常可以划分为外部不确定性和内部不确定性两种类型（江旭 等，2015；Vrande et al.，2009）。外部不确定性主要表现为环境不确定性，即企业在联盟运行时面临着难以预测的环境变化、未来自然状况的不确定、易变或动荡的环境等对联盟活动的外生干扰、行业相关因素的改变，以及外部政策、经济与社会环境的变化（Jia et al.，2020；Krishnan et al.，2006；Santoro et al.，2005）。内部不确定性是由于联盟双方出于各自利益的考虑、相互之间存在信息不对称以及机会主义倾向而导致的伙伴行为无法预测，比如成员之间相互隐瞒信息、不经同意使用对方技术、不执行契约等不确定性行为(Li et al.,2017;Jiang et al.,2018)。

(5)伙伴间冲突:是指由于某种原因而导致合作双方在联盟运行过程中产生偏好、习惯与兴趣不一致的现象(Kogut,1989;江旭 等,2008)。冲突普遍存在于战略联盟中,但冲突对联盟的影响并不总是坏的结果,也有一些冲突成为良性冲突,学者们基于此将冲突划分为破坏性冲突(恶性冲突)和建设性冲突(良性冲突)(Li et al.,2011;Robbins,2014)。其中,破坏性冲突是指损耗联盟成员对联盟的满意度和忠诚度的现象,会给联盟运行与结果带来负面影响。一些典型的破坏性冲突包括联盟成员间的关系不融洽、一方与另一方拒绝沟通或无法有效交流等。而建设性冲突是指有利于联盟成员改进工作方式、寻找最佳解决方案、更好推进联盟运行的观点或意见冲突的现象。例如当联盟双方对工作任务目标和内容产生不一致的看法,这种任务冲突能够促使联盟成员对合作任务提出更多的解决方案和策略,以便从中寻找最佳方案而更有效地达成合作目标(Li et al.,2011;李林蔚 等,2013)。

3.1.2 治理机制、公平识别与联盟成功研究模型的提出

虽然治理机制对联盟结果的影响研究已成为战略管理领域的一个热点议题,但先前研究主要致力于揭示联盟治理机制中的契约治理和关系治理作用于联盟结果时呈现的互补关系(Carson et al.,2006;Cao et al.,2015;Hoetker et al.,2009;Huber et al.,2013;Poppo et al.,2002)、替代关系(Dyer et al.,1998;Sundaramurthy et al.,2003;Wuyts et al.,2005;Wallenburg et al.,2014)、并存(同时存在互补和替代)关系(Bstieler et al.,2015;Malhotra et al.,2011;Tiwana,2010;Weber et al.,2011)。然而,这三种主流观点虽然研究甚多,但却无法达成统一的研究结论,尚存在很大争议,忽视了契约治理和关系治理中到底何种治理机制更有助于联盟取得成功,为此,本书选择比较研究的方法,从比较效应的视角切入,探究契约治理和关系治理作用于联盟成功时哪一类治理机制具有更大的作用。鉴于在特定情境下不同类型的治理机制可能发挥不同的作用,本书将进一步探讨不确定性和伙伴间冲突等情境因素对治理机制与联盟成功关系间的权变影响,从而更加全面地回答在不同情境下何种治理机制更有利于联盟成功。

在上述比较研究的基础上我们还发现,早期研究主要关注治理机制(契约治理和关系治理)对联盟成功的直接效应,着重于探究契约治理或关系治理是否会带来联盟成功,且两类治理机制与联盟成功间的正向影响得到了大多数研究的证实(Gulati,1995;Zaheer et al.,1998)。然而,随着研究的进一步发展,出现了另一种观点,即契约治理与关系治理有可能负面影响联盟绩效(Aulakh et al.,2010;Mcevily et al.,2003;Molina-Morales et al.,2009;Zhou et al.,2014)。在这些复杂研究结论的驱动下,我们发现现有相关文献存在重要的研究缺陷,其本质在于先前

研究未能有效深入治理机制与联盟成功间的关系"黑箱"，以致治理机制对联盟成功的深层次影响机理未能被充分揭示出来，而探讨两者之间的间接作用如中介效应有助于有效解决上述分歧。本质上，治理机制的选择不可避免地影响联盟运行程序的设计以及联盟的最终结果，治理机制转化为竞争优势的过程还与各成员对联盟运行过程中的公平感知密切相关，因而，缺乏必要的公平感知显然难以发挥联盟治理机制的真正作用。基于此，本书尝试引入公平识别作为中介传导变量，以弄清楚治理机制对联盟成功的内在作用机理，从而提出如下研究问题：治理机制是否以及如何通过公平识别的中介传导机制影响联盟成功？

从理论视角上看，交易成本理论、关系交换理论和公平理论为本书提供了一个整合的理论框架来回答上述问题。首先，交易成本理论和关系交换理论均认为，有效的治理机制可以被视为是降低联盟交易成本、提高联盟运行效率的有效方式(Das et al.，2002)。Husted 和 Folger(2004)认为，治理机制的选择决策是被用来最小化交易成本、最大化合作利益以提升联盟各方对公平感知的需要。因此，治理机制的选择会对联盟各方的公平感知产生影响(郑少芳，2023)。这些研究结论显示，联盟是否能够取得成功不仅取决于联盟企业在契约治理和关系治理间的选择，还取决于联盟成员间是否存在高度的公平感知。鉴于契约治理、关系治理与公平识别间存在因果关系，联盟过程中的公平识别将成为连接治理机制与联盟成功的重要纽带，因而探究公平识别在两者之间的中介效应具有充分的理论依据。

从研究内容上看，联盟公平研究早已经突破了传统的仅仅对分配结果是否公平的重视(Brown et al.，2006；高展军 等，2016)。事实上，分配公平虽然能够反过来影响联盟成员间的交流和互动，使之形成友好合作的联盟氛围，但由于联盟运行过程中各种复杂的动态变化使得分配公平的作用容易受到干扰与影响(Das et al.，1998；Luo，2008)，因此，学者们同时强调了程序公平作为评估联盟公平程度的另一类关键公平维度。至此，分配公平和程序公平的二元模型代表了整个公平理论的内涵(Folger et al.，1989；Kees et al.，1999；Luo，2007；Luo，2008)。但是以往研究并未能厘清两类公平识别在联盟运行过程中如何发挥作用，也未能揭示两者间的作用机制是否存在差异，忽略了战略联盟背景下二元公平模型的路径机制选择问题，从而无法有效指导企业的联盟感知实践。因此，将公平识别划分为程序公平和分配公平可以更为细致地剖析联盟公平的影响要素与作用机理，从而推动联盟公平研究的进一步发展。因而，在拓展传统组织层面公平理论的基础上，本书提出组织间的程序公平和分配公平是治理机制与联盟成功间非常重要的中转路径，将起到关键的中介传导作用。

然而，我们到目前为止尚不清楚公平识别的中介作用是否一成不变，是否会受到其他因素的干扰而发生改变。为了回答这一问题，本书试图以权变研究方法(contingency approach)为切入点，选择具有代表性的权变因素即不确定性和伙伴间冲突作为调节变量，分析不同类型的不确定性（环境不确定性和伙伴不确定性）以及不同类型的伙伴间冲突（破坏性冲突和建设性冲突）对公平识别中介作用的权变影响效应，而这其中的关键是探讨两类权变因素对公平识别与联盟成功关系的调节作用及其对公平识别的中介效应的调节作用（即第二阶段有调节的中介效应）（Edwards et al.，2007；Muller et al.，2005；Preacher et al.，2007）。事实上，到目前为止，现有研究对不确定性和伙伴间冲突等概念在战略联盟中的作用仍然没有很清楚的解释，得出了许多模糊的研究结论（Jehn et al.，2001；Krishnan et al.，2016；Leiblein，2003；Tjosvold et al.，2003；周青 等，2014）。因此，引入不确定性和伙伴间冲突等权变因素作为调节变量，可以更加明确地厘清不同治理机制在何种公平识别的中介传导机制中能够发挥最大作用，有助于深入治理机制与联盟结果之间的关系"黑箱"，因而具有重要的理论价值和实践指导意义。

整合上述研究要素和预设的研究思路，本书着重探讨的概念模型如图 3 - 1 所示。

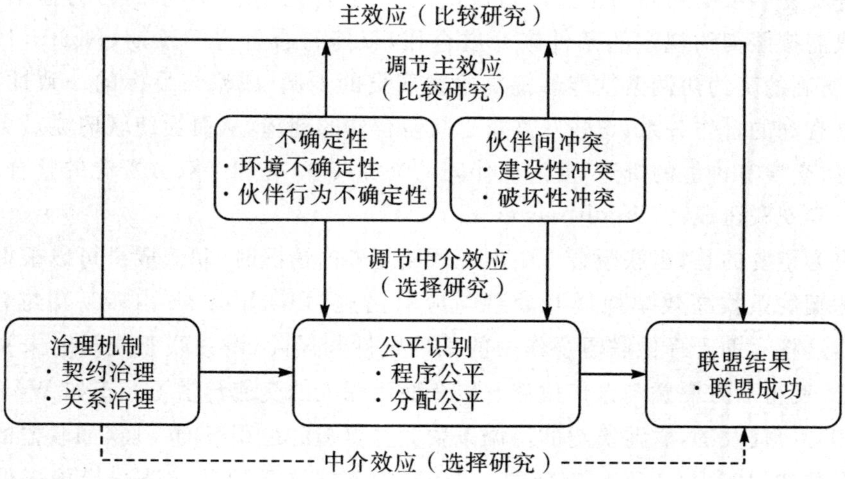

图 3 - 1 本书的概念模型

3.2 研究假设的提出

3.2.1 治理机制与联盟成功

Williamson 和 Ouchi（1981）指出，治理机制是联盟成员间开展交易的方式和规则，对联盟的运行与发展起着非常重要的作用。依据主流联盟研究文献，治理机制包括正式的契约治理和非正式的关系治理两种类型（Abdi et al.，2017；Cao et al.,2015;Goo et al.,2009;De Jong et al.,2008;Lee et al.,2006)。已有研究指出,这两类治理机制对联盟成功都有着不可忽视的重要作用,如果选择恰当,两者均能够帮助联盟实现预期目标。因而本书将提出基础假设:合理有效的治理机制选择有助于联盟活动的顺利开展,将与联盟成功呈正相关关系。

本书首先提出契约治理有助于促进联盟成功。基于交易成本理论的分析,在以契约治理为主的联盟治理模式下,联盟的运行主要依赖于契约条例中的控制和协调效应(Lumineau et al.,2012;Mellewigt et al.,2007;Malhotra et al.,2011;Williamson,1985)。契约条例中的控制条款对联盟伙伴的行为具有强制性约束力,通过强调行使权威(即明确规定如何惩处机会主义或不合作行为),避免在合作过程中出现机会主义,从而降低合作的交易成本,保证伙伴间顺利交易(Cai et al.,2009;Liu et al.,2009;Williamson,1978)。契约条例中的协调条款确定了联盟的预期目标,详细规定了联盟成员的责任与义务以及在不可预期情况出现时的解决机制与解决方案(Malhotra et al.,2011)。此外,联盟契约中关于交易时间和任务分工等交易事项的明确约定为联盟成员的合作行为提供了基本的行为框架,联盟成员只需按照契约规定的条件来开展合作,就能符合各方的预期(North,1990)。因而,明确的契约协调条款能够提高联盟成员的步调、战略与目标的一致性,有助于建立有利的合作关系,增强双方对于联盟合作的期望,从而促使联盟成员更加愿意提供、交换有价值的资源,促进伙伴间的资源共享,有利于双方资源的整合,最终有助于实现联盟成功(Woolthuis et al.,2005)。

更为重要的是,当联盟合作中出现预期之外的情况时,联盟成员可以根据事先约定的契约条款高效率地展开处理与应对措施(Lusch et al.,1996;郑维伟 等,2020),这将有助于降低联盟合作中的不确定性与风险,增强联盟成员对未来合作的信心,使得双方愿意与合作伙伴开展全面而深入的交流与学习。正如 Woolthuis 等(2005)所提及的,联盟契约的协调条款关注更多的是积极的一面(如联盟的目标是什么并如何实现)而不是消极的一面(如联盟将会采取什么法律措施来保护知识)。联盟契约协调条款的达成往往要通过联盟成员间的沟通和谈判予以实现,而这显然可以增进彼此间的理解和互动,有助于双方后续合作的展开,从而促进联盟目标的顺利实现。因此,本书提出假设 1a:

假设 1a:契约治理与联盟成功正相关。

以关系交换理论为基础的研究认为,非正式治理机制主要依赖于基于信任的关系治理(Jayaraman et al.,2013),重视社会属性在联盟交易中的作用(Macneil,1978;Uzzi,1997),能够对联盟最终目标的实现起到关键影响作用。基于以下原因,本书提出关系治理同样能够促进联盟成功。

首先,基于关系交换理论,依赖于关系治理的联盟双方强调相互理解与信任,重视建立良好的伙伴间合作关系(Poppo et al.,2008a)。已有研究表明,一定程度的相互信任更能够促进联盟伙伴在协调合作活动时的信息交流，沟通更加灵活有效，将减少联盟合作中的信息不对称，避免机会主义行为的产生，从而降低交易的事前成本和事后成本，有利于联盟目标的实现（Gulati et al.，2012；江旭，2012）。联盟的事前成本在搜寻和选择合作伙伴、谈判并签订契约这两个过程产生（Chiles et al.，1996；Oxley，1999；Williamson，1985）。在关系治理机制的作用下，联盟双方可以在联盟结构、联盟范围以及合作内容等方面快速达成共识（Zaheer et al.，1998），有助于联盟谈判与契约签订成本（事前成本）的降低。联盟的事后成本主要在监控伙伴行为以及协调各方活动等过程产生（Chiles et al.，1996；Oxley，1999）。在以关系治理为基础的战略联盟中，各方更加看重长期利益和长远目标，将会尽力维护正在进行的合作关系，克制自己的投机行为，使得一方对另一方发生机会主义行为的担忧成为多余，从而降低了对复杂监控机制的需求，这意味着联盟中的事后成本将会降低（Chiles et al.，1996）。此外，高水平的关系治理意味着一方能够正确理解另一方的意图与行为（Krishnan et al.，2006），这有利于缩小冲突的范围，降低程度（Zaheer et al.，1998），降低合作中的协调与控制成本，进而促使联盟取得成功。

其次，关系交换理论指出，关系治理将通过增强伙伴间的合作关系来促进联盟成功（Mcnicoll，1982），这主要有两个方面的原因。第一个原因是关系治理能够提高联盟双方的共同行动（joint action）水平，可以有效协调与联盟相关的任务和资源，促使各方更加清楚如何开展有效的合作以及如何克服联盟自身的复杂性以实现合作利益最大化（Dyer et al.，2000），减少或者化解联盟合作中的矛盾与冲突，从而可以使联盟各方的合作目标保持一致，增加了联盟成功的概率（Robson et al.，2008）。另一方面的原因是关系治理有助于提高合作各方对联盟的情感和承诺，增强各方在联盟中深入合作的意愿以及对合作关系能够长期稳定发展并获取更大关系利益的期望（Inkpen，1998），促使联盟各方有意识地不发生违背契约的行为，灵活地处理合作中出现的一些突发事件或新产生的问题，以带来更为满意的合作结果。因此提出假设 1b：

假设 1b：关系治理与联盟成功正相关。

从已有文献看，以往研究更多关注的是契约治理和关系治理之间“互补”“替代”或者“并存”的关系（Bstieler et al.，2015；Cao et al.，2015；Hoetker et al.，2009）。然而，不论是在“互补”“替代”抑或是在“并存”关系的研究中，先前文献都只是站在了治理机制本身关系的矛盾争论上，而忽视了基于比较视角来进一步探究契约治理和关系治理这两者中哪种机制具有更为重要的作用。从上文假设提出的逻辑可以看出，趋于一致的研究观点是契约治理和关系治理分别对联盟成功有着显著的正向影响。比如，Dyer 和 Singh（1998）认为，在组织间合作中，有效的治理机制不仅可以保证知识共享的顺利进行，还有助于抑制任何一方搭便车行为的发生，提高联盟的成功率。Poppo 和 Zenger(2002)指出契约控制可以缩小风险的范围，即契约治理能够通过实施严格的控制和提供正式的保护，为联盟顺利运行提供保障，有助于联盟目标的实现。Lavie 等(2012)认为，作为自我执行的防卫机制，关系治理机制中的相互信任、关系嵌入和关系承诺有助于降低合作中的交易成本，进而提升联盟成功的概率。本书在此基础上更进一步提出以下观点：相较于契约治理，关系治理更有利于联盟成功。提出这一假设的主要原因在于，关系治理比契约治理更有助于降低联盟合作成本和伙伴机会主义行为，更有利于伙伴间冲突的协调和解决，也更有利于降低联盟的内外部风险，从而有助于联盟取得最终的成功。

首先，契约治理是基于详尽契约条款而实行的一种治理机制，这往往需要事前谈判和事后监控，会带来很高的交易成本(Poppo et al.,2002)。事实上，订立越完善的契约所需耗费的成本就越高(Dyer et al.,2000;Huang et al.,2014;江旭 等，2008)。而与契约治理不同的是，关系治理往往依赖于一种人与人之间、伙伴与伙伴之间的信任和良好关系，不需要耗费过多额外的交易成本，因此往往更受联盟成员的偏爱。例如，Dyer 和 Chu(2000)研究发现，以信任为基础的关系治理能够帮助联盟企业花费较少的时间用于执行契约、处理合作中的问题以及监控合作方的行为，降低了合作的成本，从而有助于提升联盟绩效。

其次，在联盟合作过程中，采用契约治理的联盟成员由于其有限理性的限制，事先签订的合作契约不可能预测未来所有可能发生的事件，而在交易过程中，一旦出现契约规定和约束以外的情况，合作伙伴就有可能为了各自利益实行机会主义行为(Cai et al.,2009;Williamson,1978)，而为了防范这种机会主义行为的出现，联盟各方要付出相当大的监督与执行成本(Liu et al.,2009)。基于信任机制的关系治理具有较低的监督与执行成本，可以鼓励联盟各方将更多的时间和精力用于开展提高联盟绩效的活动，从而为联盟创造更大的价值(Molina-Morales et al.,2009)。

最后，不同联盟成员对于契约的使用具有很大的差异性，一些企业使用契约条款时比较死板僵硬，而另一些可能比较灵活有弹性。合作成员之间使用契约时的不匹配可能会产生争议和冲突，进而降低相互之间的协作性，从而约束契约治理机制在联盟管理中的应用和效果(Poppo et al.,2002)。与此不同的是，Krishnan 等(2006)认为，伙伴间的冲突和矛盾是联盟运行中最突出的问题，将造成高昂的合作成本甚至迫使合作关系提前结束，而以信任为基础的关系治理将有助于解决这些问题，促使联盟各方为联盟目标的实现而努力(Krishnan et al.,2006)。此外，关系治理能够塑造良好的联盟氛围，联盟成员之间依赖非正式范式进行沟通和交流，能有效促进伙伴间的知识共享和知识转移活动(Dyer et al.,1998;Roy et al.,2004)。例如，以非正式的范式和信任为基础的关系治理机制更能够有效地促进伙伴间知识共享,降低搭便车风险(Dyer et al. ,1998),有助于联盟成员更好地实现预期的合作目标。基于上述分析,提出假设 1c:

假设 1c: 关系治理比契约治理对联盟成功的正向作用更大。

上文探讨了治理机制对联盟成功影响的直接效应,回答了"何种治理机制更有利于联盟成功"这一基本问题后,为深化这一讨论,本书进一步提出如下研究问题:两类治理机制在何种情境下更有利于联盟成功?本书第 2 章中的文献评述表明,不确定性和伙伴间冲突作为影响联盟运行与发展的不稳定因素,会对联盟的最终结果产生重要影响,我们认为,在不确定性和伙伴间冲突的权变影响下,治理机制作用于联盟成功的路径效应将可能存在差异,不同治理机制在特定情境下对联盟成功的作用机制可能发生改变,因而探讨不确定性和伙伴间冲突对于治理机制影响联盟成功直接效应的调节作用就显得十分必要,将有助于深入理解治理机制在何种情境下更有利于联盟企业实现联盟成功。

1)不确定性的调节效应

(1)环境不确定性的调节效应。

环境不确定性是指组织外部因素的不可预测性和难以控制性(Krishnan et al. ,2006;Santoro et al. ,2005)。传统战略管理理论指出,任何组织都不是真空存在的,而会受到多种外部环境的影响。通常来说,外部环境通过其不确定性的变化来影响组织内部运行机制的效率效果(Joshi et al. ,2003)。针对本书的研究背景,当面临环境不确定性时,联盟企业可能会有选择性地进行联盟调适活动,例如建立更能满足环境要求的联盟治理机制以降低交易成本,促进联盟成功(Jiang et al. ,2018)。因而本书提出,当外部环境存在高度不确定性时,联盟企业会更加依赖于关系治理而非契约治理实现联盟成功,主要包括两个方面的原因。

首先,基于交易成本理论的分析本书认为,在外部环境存在高度不确定性时,关系治理机制所具有的灵活性、伙伴间信息的共享和互惠、以信任为基础的频繁沟通和紧密合作等特征,将使得联盟伙伴能够及早获取外部环境的变化趋势信息(Atuahene-Gima et al. ,2004;Heide et al. ,1992),并采取措施调整联盟的运行以适应环境变化,从而降低因环境变化带来的高额成本,提高联盟运行的效率效果,进而使得联盟更容易实现成功(Ariño et al. ,2001;Reuer et al. ,2002)。高度不确定的外部环境会破坏联盟的稳定运行,需要联盟成员投入大量的时间和精力以维护联盟的稳定运行(Jiang et al. ,2017)。基于关系交换理论可知,关系治理能够促使联盟成员紧密合作(Roy et al. ,2004),这有助于提高联盟各方在合作过程中的参与度以及双方相互帮助的程度,促使各方清楚地知道如何开展有效的合作以及如何克服环境变化所带来的复杂性和破坏性,最终实现合作利益的最大化(Dyer et al. ,2000)。

其次，高度不确定的外部环境会对联盟内部的活动产生极大的影响(Krishnan et al.,2016;Walker et al.,1987)。一方面，尽管契约治理机制能够维护联盟各方的合作，但有限理性的限制使得完备契约的签订难以实现(Yang et al.,2011)。由于契约是事先签订的，而高度的环境不确定性使得交易过程中总会出现难以预期的变化，且这些事后的未知事件难以提前在契约中进行详细规定，这使得联盟各方无法预先设定应对未来所有情况的契约条款，对环境不断发生的变化不易做出调整，容易导致联盟风险的产生(Poppo et al.,2002)。由于无法在高度不确定的环境下准确监控联盟成员的行为，因此契约治理的效率较低、效果欠佳(Huang et al.,2014)。此时，联盟企业将无法通过契约治理来实现对联盟的有效管理，从而不利于联盟最终的成功。

综合以上分析，当外部环境存在高度不确定性时，联盟企业会更加依赖于关系治理的灵活性及其带来的信息优势以适应频繁的环境变化，而非依赖于对高度环境不确定性更不敏感的契约治理机制。因此，我们提出以下假设：

假设2a：当环境不确定性程度较高时，联盟企业会更加倾向于依赖关系治理而非契约治理以实现联盟成功。

(2)伙伴行为不确定性的调节效应。

另一类影响联盟运行的不确定因素是伙伴行为不确定性(Jiang et al.,2017;Jiang et al.,2018)。伙伴行为不确定性是指由于合作伙伴“战略不披露、伪装或扭曲信息”的可能性而产生的不确定性，这种不确定性易导致难以对合作伙伴的行为进行预测与理解(Krishnan et al.,2006;Williamson,1985)，其侧重点在于合作伙伴的行为模糊性和难以预测性(Brouthers et al.,2003)。当伙伴行为存在高度不确定性时，合作关系和联盟运行将难以准确预知，联盟企业很难监控合作伙伴的下一步行为方向，以致合作伙伴行为的可靠性将大大降低(Carson et al.,2006)。此时，联盟企业会更加依赖于契约治理而非关系治理以实现联盟成功。产生这一结果的原因主要有以下两点。

首先，当伙伴行为不确定性程度较高时，选择契约治理机制能够有效防范和避免伙伴的机会主义行为(张华 等，2022)。一方面，合作伙伴可能会出现机会主义行为，而机会主义行为的风险可以通过完备契约来控制(Deeds et al.,1999)。越完备的契约对合作伙伴机会主义行为的约束能力就越强，对由于伙伴行为存在不确定性而带来的变化和冲突的防范能力也就越强(Deeds et al.,1999)，从而越能够有效保障联盟的成功运行。契约治理通过明确规定联盟成员相互之间的权利和义务(Reuer et al.,2007)，事先约定好合作伙伴的目标和任务、敏感信息的处理以及冲突解决程序(Malhotra et al.,2011)；且对联盟运行中的风险分担进行清晰、可量化的规制(Krishnan et al.,2016)，能够有效促进联盟正常运行，实现联盟成功。契约控制通过严格控制各方的行为并提供正式的保护，为联盟各方合作行为设立安全的边界，从而降低合作伙伴自利行为的发生（Poppo et al.，2002）。契约控制通过限制各方的行为（Heide et al.，2007），促使联盟成员从关注自身利益（private benefits）转化为关注联盟共同利益（common benefits），促进联盟双方共同愿景的形成，降低伙伴不确定行为产生的概率。另一方面，契约控制的正式保护降低了联盟各方采取自利行为的动机，通过第三方具有法律约束力的保护措施使得联盟各方清楚地知道自利行为面临的惩罚措施（Krishnan et al.，2016），正是由于这种惩罚措施的威慑力使得各方尽可能降低不确定性行为所带来的破坏性影响，确保联盟顺利运行，进而实现联盟成功。

其次，当伙伴行为不确定性程度较低时，联盟成员将按照熟悉的行为和既有的习惯来推进联盟运行，此时，联盟成员依靠关系治理能够获得高水平的信任、更多的资源投入和承诺，也容易依靠良好的合作关系很好地处理联盟内部事务（Schilke et al.，2015），而不需要依赖正式的契约机制来治理联盟，因而契约治理对联盟成功的影响效率将降低。反之，高度不确定性的伙伴行为表明合作伙伴的联盟行为因不能保持前后一致而具有明显的不确定性特征时，依赖于关系治理进行联盟管理的作用效果将大大降低。这是因为关系治理机制的顺利运行需要联盟各方行为的稳定和一致，以建立对合作伙伴未来行为可靠性和有效性的信心（Poppo et al.，2008b），而当伙伴行为存在高度不确定性时，合作伙伴间容易丧失信任的基础，时常觉得对方不可靠，从而不能够有效共享必要的资源和信息（Li et al.，2010），不利于实现联盟成功。

综合以上分析，当伙伴行为存在高度不确定性时，联盟企业会更加依赖于契约治理的强制约束力来减低合作伙伴机会主义带来的威胁，而不是依靠无法建立信任基础的关系治理机制实现联盟成功。因此，我们提出假设 2b：

假设 2b：当伙伴行为不确定性程度较高时，联盟企业会更加倾向于依赖契约治理而非关系治理以实现联盟成功。

2）伙伴间冲突的调节效应

在已有联盟冲突研究文献中，伙伴间冲突被视为影响联盟稳定性和联盟绩效的一个重要因素（江旭 等，2008；Kale et al.，2000）。伙伴间冲突研究来源于组织冲突理论（Robbins，2014；Thomas，1992），在经历了漫长的研究和发展以后，目前学者们已给予冲突更为一般性的定义。他们普遍认为，冲突将对组织产生重要的影响（Fleetwood，1987）。然而，已有研究同时认为，冲突对联盟的影响不能一概而论（Jehn et al.，2001；周青 等，2014）。依据 Robbins（2014）和 Li 等（2011）的观点，冲突可以区分为建设性冲突和破坏性冲突两种类型。建设性冲突指的是良性冲突，一般不会对组织的结果产生破坏性影响（Robbins，2014；Tjosvold et al.，2003）；而破坏性冲突泛指那些对组织产生不利影响、可能会带来严重后果的恶性冲突(Jehn,1997;Kabanoff,1991;Robbins,2014)。作为一个类组织存在的运行实体,战略联盟也面临着这两类冲突的影响(Bucklin et al.,1993;Zaheer et al.,1998),因而有必要厘清当联盟伙伴间存在不同类型的冲突时,联盟企业将依赖何种治理机制以实现最终的联盟成功。

(1)建议性冲突的调节效应。

当伙伴间建设性冲突程度更高时,联盟企业会更加依赖于关系治理而非契约治理以实现联盟成功。首先,当战略联盟内部存在较高的建设性冲突时,意味着伙伴与伙伴之间容易由于思想碰撞而产生更为丰富的观点、方法和处事手段,这类良性冲突能够促使联盟伙伴对组织任务表达自己的理解并积极寻求最佳解决方案(Amason,1996;Jehn,1995;Jehn et al.,1999)。比如当发生与预期不符的目标和任务冲突时,联盟成员可以充分地就相关工作问题提出自己的观点和看法,能够对需要寻求什么帮助以及如何共同解决问题等产生多种可行意见(West et al.,1996),使得联盟各方对合作伙伴以及联盟运行状况的认识更为清楚,从而推进联盟伙伴间的进一步合作。此外,这种建设性冲突的产生、调解过程能够更有效地将联盟成员纳入同一个合作团队,更有利于问题的解决和任务的顺利完成(Tjosvold et al.,1992)。鉴于关系治理机制更多的是依赖于伙伴双方自发治理,没有具体的书面表达和明确约定,伙伴间关系的发展具有明显的不可控性,这可能导致双方对联盟目标和活动有着不同的理解,而伙伴间建设性冲突的存在弥补了关系治理的松散性和难以控制的特征,使关系治理机制的作用能够更有效地发挥并在一定程度上得以强化,从而促使联盟更容易取得最终的成功(Li et al.,2011)。

其次,由于建设性冲突产生的原因在于联盟运行过程中允许双方成员针对组织任务、联盟内容和合作流程等产生不同的意见(江勇 等,2003),这种冲突产生的氛围强调一种较为灵活的工作范式和柔性的工作作风(Rahim,1986)。在这种情境下,契约治理因为强调既定而又明确的合作程序(Lyons et al.,1997),无法有效促进联盟成员就工作任务的改进提出有针对性的对策(雷培莉 等,2000),相比较关系治理,更不适用于在建设性冲突的氛围中使用,从而无法有效促进联盟成功。相反,建设性冲突带来的灵活性和多样性为关系治理机制的运行奠定了良好的基础,有利于强化关系治理的积极效应,从而有助于促进联盟成功。基于此,本书提出如下假设:

假设3a:当伙伴间建设性冲突程度较高时,联盟企业会更加倾向于依赖关系治理而非契约治理以实现联盟成功。

(2)破坏性冲突的调节效应。

不同于伙伴间建设性冲突,基于以下原因分析,本书认为当伙伴间破坏性冲突程度更高时,契约治理比关系治理更有助于企业实现联盟成功。首先,破坏性冲突是一种对组织不利的恶性冲突,能够引发组织成员对组织的不满并带来高额的组织运行成本(Dyer et al.,2000;Jehn et al.,2001)。联盟一方与另一方存在人际关系不协调、相互之间态度冷漠甚至讨厌时,极易导致联盟成员之间相互不信任甚至发生矛盾冲突(Darling et al.,2001),这种破坏性的冲突不仅可以发生在个体之间,也可以发生在团队甚至组织之间(Jehn et al.,1999)。此时,联盟中关系治理的作用将被大大削弱,甚至有可能导致关系治理在联盟运行中形同虚设,完全起不了应有的作用,不利于联盟目标的实现。而为了应对破坏性冲突带来的负面影响,联盟成员将转而依赖于有明确约定并具有法律约束力的契约治理机制(Lee et al.,2006)。这样一来,当联盟成员间出现相互不信任的情形时,联盟双方依然可以通过既定的契约条款处理联盟事宜,在明确的条约约定下选择相应的解决方案,减少收拾残局的成本,提高联盟运行的效率,从而促使联盟更易取得成功(Nielsen,2010)。

其次,破坏性冲突会带来联盟运行的不稳定和合作风险,甚至会造成联盟的失败(曾德明 等,2005)。例如,当联盟运行过程中出现多重任务冲突时,联盟成员间无法通过有效的争论和有序的决策予以解决,容易引发联盟成员间关系紧张,甚至通过冷处理的方式,对应该履行的合作任务置之不理,进而破坏联盟的正常运行与有序发展(Amason et al.,1994;Amason,1996;Hambrick et al.,1996)。而联盟契约治理机制中的契约控制维度强调通过行使权威(即明确规定如何惩处不合作行为)来抑制伙伴机会主义行为,降低联盟风险(Cai et al.,2009;Liu et al.,2009;Williamson,1978),可以有效预防并控制成员间破坏联盟正常运行的行为,避免消极合作。同样,契约治理机制中的契约协调维度则通过明确的契约条款来规定具体的合作目标、期望和程序,明确约定信息搜寻策略和问题解决方案,使得合作双方在出现问题时可以调整合作框架,指导联盟伙伴应对破坏性冲突(Lumineau et al.,2012),从而保证联盟伙伴间顺利交易,促使联盟取得成功。在破坏性冲突存在时,关系治理很容易迫使联盟企业过度依赖于当前的合作伙伴或者局限于当前的合作模式中(Mcevily et al.,2003),无法及时做出改变并重新选择,从而不利于联盟成功目标的实现。基于此,本书提出假设 3b:

假设 3b:当伙伴间破坏性冲突程度较高时,联盟企业会更加倾向于依赖契约治理而非关系治理以实现联盟成功。

3.2.2 公平识别的中介作用

尽管上文论述表明联盟治理机制与联盟成功间存在直接的正相关关系,但这种对直接效应的探讨并未能有效揭示治理机制与联盟成功间是否存在其他中间因素的干扰,忽视了其中可能存在的行为或中间活动机制。从事件发生的因果关系上看,是合作过程中联盟伙伴的行为影响了联盟成功,而不是治理机制本身。虽然在静止的角度上,治理机制与联盟成功间存在正相关关系,但如果能深入考察其间的行为机制，将有助于我们更好地理解治理机制与联盟成功间的作用机理。伙伴间的治理规范是实现联盟目标的充分非必要条件（Inkpen et al.，2005；Ring et al.，1994）。受到这一观点的启发，治理机制为联盟成功创造了必要的机会，但是联盟能否真正获得成功不仅仅受到治理机制的影响，还取决于联盟双方的合作行为，而这个合作行为或许对联盟成功有着更为直接的影响，这同时意味着治理机制与联盟成功间可能并非简单的直接关系，而是通过某个中间活动发生作用的。因而，治理机制与联盟成功关系需要进行中介传导效应检验，通过深入两者之间的关系“黑箱”，揭示治理机制对联盟成功的深层次作用机制。

组织行为研究文献中的公平理论关注的一个关键概念是组织的公平效率（Ring et al.，1994），对公平的讨论渗透在联盟形成、过程和结果的一系列研究中（Africa et al.，2010；Brown et al.，2006；Johnson et al.，2002；Kim et al.，2013），而联盟过程管理通常被认为是联盟成功的关键所在（Kale et al.，2007）。基于这一论断，学者们提出公平有助于维系联盟运行过程中的伙伴关系，为联盟企业创造价值，并进而有助于联盟绩效的提升（Brown et al.，2006；Johnson et al.，2002）。还有一些研究指出，联盟内部相关因素如联盟成员间关系、合作契约等对公平识别同样存在非常重要的可供研究的路径（Ireland et al.，2007）。因而，受到上述观点的指引，本书提出，作为一种关键要素，伙伴企业对联盟公平的识别在治理机制和联盟成功之间可能起到中介传导作用，从而有必要探讨公平识别在治理机制与联盟成功间的中介效应。

基于公平理论的研究可知，作为一种联盟治理方式，公平识别将与治理机制一起，共同影响联盟结果（Brown et al.，2006；Samaha et al.，2011）。联盟双方对治理机制的选择是提升联盟成员对公平感知的需要（Husted et al.，2004）。因此，联盟治理机制会对公平感知产生重要影响。这表明，联盟是否成功，不仅取决于某一联盟中契约治理和关系治理的水平，还取决于成员间是否存在高度的公平感知。下文将分别探讨不同类型的联盟治理机制（契约治理与关系治理）对不同类型的联盟公平识别（分配公平与程序公平）产生何种影响，进而有选择性地探讨分配公平与程序公平在两类治理机制与联盟成功间的差异化中介效应。

公平识别在战略联盟的发展过程中起着非常重要的作用，不仅会影响合作伙伴共同承担联盟任务的意图和导向，还会对联盟最终结果能否顺利实现起到关键性影响（Africa et al.，2010；Skarlicki et al.，1997）。现有研究常常关注联盟公平识别对联盟过程与结果所产生的影响，如对联盟承诺、联盟评价和联盟演化等产生的作用（Kim et al.，1998；Poppo et al.，2014；史会斌 等，2008a），而鲜有文献探究联盟公平是如何实现的。Williamson 和 Ouchi（1981）认为，治理机制是联盟成员间交易的方式，对于联盟管理至关重要，与企业在联盟中的行为和表现密切相关。因此，我们大胆猜想，联盟治理机制的选择对联盟运行过程中伙伴企业的公平感知有着十分重要的影响，不同治理机制将会对不同类型的公平识别(程序公平和分配公平)产生不同程度的差异化影响。

1)契约治理对公平识别的影响

本书提出契约治理与程序公平正相关。第一，基于交易成本理论，契约治理是联盟治理机制所依赖的重要治理方式之一(Lee et al.,2006;Liu et al.,2009;Williamson,1985)，由于存在契约的法律约束以及联盟成员事先得知违反契约所要付出的高昂成本，联盟成员们有必要以最合理、经济的方式来解决联盟日常运行中的冲突，减少机会主义行为，增加联盟伙伴之间的沟通与协调(Reuer et al.,2007;Williamson,1991)。因此，为规避契约治理所附带的惩罚成本和治理失败后的沉没成本，契约治理通过程序的合理设计确保联盟顺利运行，从而有助于程序公平的实现。法律法规的实施效率可以影响程序公平，可以通过契约的法律约束力对联盟双方施加压力，以实施双方一致认可且更为合理的联盟运作程序，这种保障和干预使得程序公平更加容易实现(高展军 等,2013)。

第二，学者们普遍认同契约治理包含契约控制和契约协调两个维度(Lumineau et al.,2012;Mellewigt et al.,2007;Malhotra et al.,2011)。契约控制是合作双方根据所达成的联盟协议，对合作过程和联盟绩效进行监控(Malhotra et al.,2011)，通过相应的制度设计，激励合作者怀以良好的合作动机和公平的标准，并按协议规定对机会主义行为及其他不合规行为进行惩罚(焦俊 等,2007;Parkhe,1993b)。这表明实施契约治理时，各联盟成员均会关注并监控联盟运行中可能发生的事件，对可以预测的行为进行约束和规范(Poppo et al.,2002)，从而促使联盟成员在处理任务时遵循既定的程序和规范，按照双方都认可的条约执行，规避机会主义行为(Deeds et al.,1999)，最终促进程序公平在联盟内的实现。契约协调是对未来合作事项的一种事前制度安排，即双方在签订契约时，是否明确合作各方的要求和期望以及各方的权利和义务(Beatty et al.,1996)。事实上，有限的认知水平造成联盟伙伴在合作过程中容易产生理解偏差和协作失调等问题，因此需要通过一些事前规定好的具体条款来指引联盟双方的合作行为，克服联盟成员间的沟通障碍，这将有助于建立起联盟双方认可的不失偏颇的运行秩序，从而提高程序公平的程度(Luo,2007)。基于此，本书提出假设4a：

假设4a：契约治理与程序公平正相关。

同样，本书认为契约治理与分配公平也存在正相关关系。首先，Luo(2007)在研究公平识别中的分配公平时，将分配公平定义为合作过程中联盟伙伴依据各自的贡献、承诺和责任，对最终获得的收益程度的考评和感知。从这一定义中我们可以看出，对于战略联盟中的合作双方而言，分配公平是以各自最终绩效为目标、以合作伙伴的绩效为参照物的结果公平(Leung et al.,2001)。契约治理有助于降低交易成本和伙伴机会主义,而机会主义行为的风险来源于合作过程中一方可能通过不正当手段攫取不当利润而损害另一方的利益,最终抑制良好的合作关系(Maurya et al.,2020;Williamson,1985;Williamson,1991)。为了避免机会主义带来的联盟风险,先前研究指出可以通过完备的契约来控制(Deeds et al.,1999;Zhang et al.,2013)。契约治理能够积极对联盟交易进行保护。通过指定各联盟成员该做什么和不该做什么,完备的契约有助于对不正当的行为施加惩罚,进而防止机会主义行为,并有助于各联盟成员获得与其付出相匹配的收益,杜绝不当得利(Parkhe,1993b;Reuer et al.,2007),从而实现分配公平。

其次,契约治理通过事先规定各项契约条款并依赖于契约所具备的法律效力规范联盟双方的行为,对分配公平产生影响。契约治理是建立在联盟伙伴双方自愿签订一系列有关联盟运行与联盟权益的契约基础之上的一类正式治理机制,联盟契约所规定的各项条款具有法律效力,联盟成员通常都会在契约条款中对联盟最终收益的分配做出详细规定(Lyons et al.,1997)。法律的威慑力使得联盟双方能够按照契约的约定执行最终权益的分配方案,促使联盟双方获得更大的分配公平;法律的惩戒作用能规范联盟双方的最终权益分配行为,即使产生不公平的分配现象,法律也会做出相应的惩戒,使得双方为实现分配公平而努力(Lyons et al.,1997;Saussier et al.,2002)。同时,联盟双方为了避免这种不公平所带来的事后惩戒,也会在事前尽可能遵循契约的约定,从而实现联盟收益的分配公平。基于此,本书提出假设4b:

假设4b:契约治理与分配公平正相关。

根据上文分析,契约治理对程序公平与分配公平均存在正向影响,但我们尚不清楚契约治理对哪一类公平识别具有更为重要的作用,而对这两个效应进行比较研究,有助于厘清契约治理对联盟公平的真正作用机制,为联盟企业选择与其公平类型相匹配的治理机制提供理论指导。基于以下原因我们认为,相较于程序公平,契约治理对分配公平的正向作用更大。

首先,契约治理往往以其明确的规则和事先的约定,对联盟双方如何实施利益分配直接做出规范并在事后即时纠偏(Krishnan et al.,2016;Macneil,1978)。相较于程序的公平性而言,契约治理机制更多关注的是结果分配的公平性。程序是复杂而灵活的,对程序公平感知是在联盟运行过程中产生的,需要联盟双方成员的共同参与,尤其会更多依赖于双方的沟通和协调等因素,而契约是受法律等第三方中介支持的约束人们交易行为的合同,往往简洁明确,契约治理针对事后出现的不当行为可以利用合同条款加以纠正(Krishnan et al.,2016)。例如,在事前用法律等第三方中介可以证实的条款详细地规定最终利益的分配方式以及分配原则(吴德胜 等,2010)。分配结果如果未能按照契约的约定执行,第三方中介可以直接进行干预和纠正,使得分配公平得以实现。而对合作中出现的程序不当行为,即使事后按照契约中相关协调条款做出纠正，也由于不能在当时及时纠正，将造成不可避免的损失，无法改善程序公平。因此，契约治理对分配公平比对程序公平的正向作用更为强烈。

其次，基于公平理论，人们首先会将自己的得失与团队中的他人进行比较，如果所得和付出维持一致，则产生公平的感觉，否则，人们会产生不公平的感觉(Adams,1963)。学者研究发现，当人们感觉不公平时，人们会追溯得到这样结果的过程，即办事程序是否公平合理，如果程序公平，人们倾向于接收结果，如果程序是不公平的，人们则会更加不愿意接受结果(Luo,2005)。人们对分配公平的感知会先于程序公平的感知。而在联盟双方实施契约治理机制时，强调共同遵循契约的精神，双方的步调更加一致，提高结果分配的一致性，更有利于分配公平的实现。于是，本书提出假设 4c：

假设 4c：相较于程序公平，契约治理对分配公平的正向作用更大。

2)关系治理对公平识别的影响

许多研究致力于探究关系治理机制作用于联盟最终结果如联盟绩效、联盟成功的直接效应(Dyer et al.,2000;Krishnan et al.,2006;Lavie et al.,2012)，但对于联盟形成以来关系治理如何影响联盟中间行为，如关系治理如何作用于联盟企业的公平识别等关键行为却少有问津。

本书假定关系治理正向作用于程序公平。Leventhal(1980)提出，探讨组织程序公平有六个关键评价准则：代表性准则、道德准则、一致性准则、避免偏见准则、准确准则和可修正准则。基于对关系治理如何满足这六条评价准则进行逐一分析可以得出，关系治理有助于实现程序公平。第一，对于实施关系治理的联盟伙伴而言，联盟中一切事宜的处理方式是以伙伴间"关系"为核心，即依赖于联盟伙伴之间已有的信任、正向情感、友好的合作经验执行事先已有的流程，能够有效代表双方的意愿和既定的程序来运行联盟事务(庄贵军 等,2008)。此外，关系治理能够有效预防自利行为并减轻不适应问题(Zhou et al.,2008)，它能够满足联盟运行过程中的道德性准则，有利于实现程序公平。第二，依赖于社会关系和共同规范的关系治理机制，能够促进交易双方的合作和相互尊重(Poppo et al.,2002)，更容易促使合作伙伴在处理联盟事宜时建立起共享决策机制以及共同的问题解决流程(Gulati et al.,1998;Uzzi,1997)，这表明合作双方更易在联盟运行过程中达到处理事务的一致性准则(Leventhal,1980)，从而促使联盟成员感知到更高的程序公平。第三，这种"关系治理"能够减轻合作伙伴之间的机会主义行为，降低各联盟成员对分享有价值信息的担忧，有助于伙伴之间公开共享资源和信息(Dyer et al.,2000)，避免联盟运行时由于某一方的偏见和寻求私利而导致的信息传递不准确，并有效预防因信息不对称而造成的自利行为。根据 Leventhal(1980)的避免偏见准则和准确性原则，我们可以得出，关系治理促进了程序公平的实现。第四，在关系治理的作用下，联盟双方可以在联盟结构、联盟范围以及合作内容等方面快速达成共识（Zaheer et al.，1998），从而修正联盟运行程序不完善的地方，促进程序公平的实现。于是，本书提出假设5a：

假设5a：关系治理与程序公平正相关。

同样，本书提出关系治理机制的采用也有助于实现分配公平。分配公平作为联盟成员对联盟最终结果进行分配的公平感知，是最为简单和直接反映各成员对合作关系优劣的评价标准（Deutsch，1975；史会斌 等，2008a）。事实上，从最开始的分配公平一元论，到学者们目前普遍认可的程序公平和分配公平二元论，我们可以看出，分配公平既是人们渴望公平的起点，也是最终落脚点（Greenberg，1990；Luo，2005）。基于这些论断，关系治理将对分配公平带来积极的作用。

首先，关系治理有助于增强合作伙伴间的合作关系，构建起较强的相互信任水平（Heide et al.，1992；Macneil，1978；Zhou et al.，2012）。采用关系治理的联盟本身重视的是成员与成员间的情感维系，比如信任、信念、支持、共享等正向的感情，有利于人们在互动的过程中运用情感的影响力（Roy et al.，2004），不仅能够帮助联盟实现程序公平，同时还能够促进分配公平。关系治理会鼓励联盟各方站在合作伙伴的立场上思考问题，有助于深化合作各方对合作期望与联盟目标的理解，减少或者化解合作中的矛盾与冲突，从而可以使各方的长远目标保持一致（Zaheer et al.，1998），为提升分配公平奠定了基础。

其次，关系治理能够提高联盟成员对联盟关系的正向评价，降低信息不对称，并带来良性互动（Möller et al.，2004）。尤其是在中国转型经济的背景下，缺乏稳定的监管机制和完善的制度建设，迫使联盟企业更多地依赖社会关系和相互信任来获得所需的资源和保护（Zhou et al.，2008）。此外，中国的商业行为也具有严重依赖非正式关系和值得信赖的合作伙伴的传统（Liao et al.，2010），而关系治理通过促进联盟双方之间的合作和相互尊重，促使合作伙伴对联盟更加忠诚，愿意分享大量的信息，同时制止不法行为（Zhou et al.，2008），提高双方对联盟的评价和对最终结果的有效预期，在建立起长期的良性互动中促进分配公平的实现。于是，本书提出假设5b：

假设5b：关系治理与分配公平正相关。

在上述直接效应假设的基础上，结合以下原因，本书采用比较研究的方法进一步提出如下假设：关系治理对程序公平的正向作用比对分配公平的正向作用更大。关系治理是一种双边治理机制，其核心内容是信任和关系规范（Heide et al.，1992；Zaheer et al.，1995；Zhou et al.，2012）。而高水平的信任和关系规范能够促使联盟伙伴投入更多的精力和资源处理联盟事宜，通过与合作伙伴更好地交流和沟通，组建精良的合作团队，频繁进行定期会晤，灵活地制订解决问题的方案（Gulati et al.,1998;Uzzi,1997)。这样,双方在联盟决策和问题解决时更倾向于获得另一方的认可,建立起共享互利的决策机制,从而在很大程度上促进联盟运行过程中的程序公平。

与此相对的是,关系治理并不特别强调要获取对等的报酬,而是依赖于高水平的信任和关系规范,甚至可能主动地"让利"给合作伙伴,以期建立更长久的声誉和良好的合作关系(Molina-Morales et al.,2009)。比起获得短期的分配公平,关系治理更倾向于建立长期的伙伴关系,也更加关注联盟运行过程中合作伙伴良性互动的建立和对程序公平的正向感知(Robson et al.,2008)。因此,相较于分配公平,高水平的联盟关系治理更有利于建立起高水平的程序公平。于是,本书提出假设5c:

假设5c:关系治理对程序公平的正向作用比对分配公平的正向作用更大。

3)公平识别对联盟成功的影响

接下来探讨程序公平与联盟成功的关系。在社会交易中建立既定程序的一个重要功能是使原本复杂的社会关系简单化(张令杰,1994)。程序公平有助于维持联盟运行,保证成员之间的有效沟通,改善决策过程,促进联盟双方建立高水平的合作关系(Luo et al.,2015),从而有利于联盟实现预期目标。因而我们提出,高水平的程序公平有助于实现联盟成功。

首先,程序公平可以降低战略联盟中的关系风险(relational risk)。关系风险即联盟双方由于合作关系上的不尽如人意而带来的风险(Das et al.,1998)。战略联盟中伙伴间的关系风险最终将影响联盟目标的实现,很大程度上会造成联盟失败。而高水平的程序公平能够提高联盟成员对合作过程的满意度(Luo et al.,2015),促使联盟各方向着同一个联盟目标前进,进而有助于促进联盟成功的实现。

其次,战略联盟作为一项交易活动,只有有效降低联盟运行中的交易成本才有可能获得更大的合作利益(Williamson,1991),而程序公平的存在可以有效降低联盟交易成本,对联盟成功产生正向促进作用。不同类型和不同程度的公平识别使得联盟成员对于联盟的满意度、认同度、承诺水平和忠诚度等均会产生不同的认知(Brown et al.,2006)。高度程序公平的存在意味着合作双方在谈判、协议签订、战略决策制度与实施等联盟管理和监督上的程序是公平的(Cremer et al.,2003;Thibaut et al.,1978)。此时,联盟成员对整个联盟运行程序的公平感知是高度满意的(Luo,2005)。因而,在联盟运行过程中,双方成员能够认可并坚定地执行既定的程序和规则,最大化地避免由于程序和规则的不公平而产生的冲突(Contractor et al.,2015),同时节约了大量的管理成本和监督成本(Dyer et al.,2000;Liu et al.,2004),有效地提高了联盟的绩效,最终促进联盟取得成功。于是,本书提出假设6a:

假设 6a：程序公平与联盟成功正相关。

同样，高水平的分配公平也将有助于实现最终的联盟成功。首先，与程序公平类似，传统的公平理论认为，分配公平能够营造良好的联盟氛围，并对合作双方的联盟动机产生正向影响(Brown et al.，2006；Doz，1996)。在这一情境下，联盟企业将会较少怀疑对方的联盟动机和合作行为，更愿意提供自己的资源和信息，以便各联盟成员间能够获取新颖的资源或者发现资源整合的新用途，进而提高联盟的资源利用效率，有效提升联盟的整体绩效水平(Szulanski et al.，2004)。

其次，分配公平能够降低联盟的运行风险(performance risk)。运行风险即除关系风险外所有影响联盟整体运行绩效的各类因素所引致的风险(Das et al.，1998)。关系风险和运行风险是互相独立且并存于战略联盟中的风险，最终都会影响联盟各参与方的利益。因此，提高分配公平的水平，能够有效降低由于运行风险的存在而带来的绩效不足或分配不公，激发各联盟成员的合作热情，促进联盟有序运行，保障联盟取得最终成功。此外，分配公平减少了联盟伙伴的契约执行成本和讨价还价的时间(Dyer et al.，2000；刘娴 等，2013)。在其他条件都相同的情况下，联盟企业用于契约执行的成本越低，意味着绩效越高，用于讨价还价的时间越少，意味着有越多的时间用于资源与信息的处理和交换(Kim et al.，1998；Luo，2005)，从而能更有效地促进双方的联盟管理实践获取和转移，帮助联盟获得成功(高展军 等，2013；穆文 等，2016)。于是，本书提出假设 6b：

假设 6b：分配公平与联盟成功正相关。

在组织理论与组织行为研究领域，大量研究表明公平识别是一个重要的组织行为因素，会通过对组织成员工作态度的影响，对最终的绩效产生极大的作用(Conlon et al.，2005)。作为一种独特的组织类型，战略联盟有着和一般组织类似的动机和架构，因此，公平识别在战略联盟背景下同样起着十分重要的作用(张涵 等，2015)。早期的组织公平理论只讨论了分配公平及其作用，程序公平是在分配公平不足以解释某些组织现象时才被学者们所提出，且已有的相关研究表明程序公平对于联盟合作的促进作用要优于分配公平(Kumar et al.，1995；Luo，2007；Laczniak et al.，2011)。基于此我们提出，程序公平比分配公平更有利于联盟成功的实现。

首先，程序公平能够降低联盟伙伴间的关系风险，促进各联盟成员获得更高的关系满意度和绩效满意度(Luo et al.，2015；Skarlicki et al.，1997)。此外，程序公平能够促使联盟伙伴之间保持良好、有效的沟通与信息交流，促进联盟成员持续不断地挖掘联盟双方的优势互补并进行持续的联盟管理实践转移(穆文 等，2016；马永远 等，2014)，以带来更高的联盟伙伴关系满意度。致力于维持联盟运行过程中程序公平的联盟成员，其分配公平的感知程度将被弱化，联盟伙伴更多的将是依赖程序公平实现联盟成功。

其次，程序公平能有效降低联盟运行风险，将比分配公平更有利于联盟运行过程的稳定和联盟绩效的提升。换言之，程序公平通过事前规定有关联盟运行的条例和流程，联盟伙伴之间积极执行这些既定的程序以维持和确保联盟双方的公平地位(Brown et al.，2006)，将比分配公平更能够降低联盟运行的风险，从而促进联盟成功。于是，本书提出假设 6c：

假设 6c：相较于分配公平，程序公平对联盟成功的正向作用更大。

4)治理机制通过公平识别的中介作用对联盟成功产生的影响

上文的分析指出，不同类型的治理机制与联盟伙伴间的程序公平和分配公平均存在正相关关系，而两类公平识别与联盟成功间也存在正相关关系，因此我们有理由推论，不同类型的治理机制将通过程序公平和分配公平的中介传导机制作用于联盟成功。事实上，先前研究已经暗示治理机制、公平识别和联盟成功之间存在密切关联。许多学者认为恰当的治理机制是企业有效管理联盟的基础，可以确保联盟企业共同进行价值创造并有助于价值在部分利益趋同企业间的分配(Dekker，2004；Hoetker et al.，2009)。Luo(2007)等学者对公平识别如何影响联盟绩效提出了自己的见解，认为公平识别对联盟绩效具有正向影响作用。同样，刘婀等(2013)对 217 家具有联盟经验的企业数据进行分析，也验证了公平识别正向影响联盟绩效这一结论。基于以上分析，本书大胆提出假设：联盟治理机制会通过公平感知的中介作用，最终影响联盟成功。

有关契约治理、公平识别与联盟成功的关系，我们在上文已经论述的假设有：假设 4a(契约治理与程序公平正相关)、假设 6a(程序公平与联盟成功正相关)以及假设 4b(契约治理与分配公平正相关)、假设 6b(分配公平与联盟成功正相关)。将这些假设进行整合，我们推论契约治理对联盟成功的影响可能是通过公平识别(程序公平与/或分配公平)这一中介传导机制实现的。换言之，契约治理为实现联盟成功奠定了基础，但只有通过程序公平或者分配公平，才能真正促使联盟取得成功。然而，由于契约治理可以通过两条路径来实现联盟成功，我们不禁要问，契约治理到底是通过程序公平还是分配公平抑或是同时通过两类公平实现联盟成功的？为此，我们采用选择性分析视角进行阐述，提出契约治理将仅通过分配公平(而不是程序公平)起到中介作用。

契约治理通过分配公平的中介作用对联盟成功产生正向影响的根本原因在于，我们的推论得到了公平理论的支持。该理论认为，人们在获得公平回报(即分配公平)时才能获得相应的满意度，从而愿意进行持续的工作(Adams，1963)。分配公平在契约治理带来优势的过程中居于核心地位(参见假设 4c)，因而契约治理通常不会直接影响联盟结果，而是需要通过分配公平作为中介才能促进联盟最终取得成功。契约治理以其严密的契约控制和契约协调条款为基础，有利于联盟成员遵守价值分配的全过程，从而通过积极的资源投入和广泛的联盟承诺，确保联盟能够实现最终的目标(任星耀 等，2012)。如果在契约治理影响联盟成功的过程中不考虑联盟成员对分配公平的感知，那么联盟的成功可能会被视为契约治理直接带来的结果，这将会造成联盟企业在合作中仅仅重视契约治理的既定条款，而忽略分配公平在契约治理促进联盟成功过程中起到的关键作用，从而极易导致联盟失败(Kumar et al.，1998)。

如果契约治理是依赖于程序公平作为中介机制从而作用于联盟成功的话，则要求契约治理必须能够确保联盟运行过程的灵活性和适应性，这样才能及时对某一合作方的不当行为加以纠正或惩罚(焦俊 等，2007；Parkhe，1993b)，确保联盟运行顺利，进而促进联盟成功。但是事实却是，契约治理更多关注的是控制和结果而非灵活性与过程(Beatty et al.，1996；Mellewigt et al.，2007；Malhotra et al.，2011)，因此，过度关注程序公平的作用，将使得契约治理难以发挥其控制作用，也难以体现其对结果的特别关注，以致契约治理机制不太可能通过程序公平的中介作用来促进联盟成功。于是，本书提出假设 7a：

假设 7a：契约治理通过分配公平的中介作用对联盟成功产生正向影响。

上一假设已指出，契约治理通过分配公平的中介作用对联盟成功产生正向影响，相应地，本书同样想搞清楚关系治理到联盟成功是通过哪一类公平识别的中间机制实现的。依据假设 5a(关系治理与程序公平正相关)、假设 6a(程序公平与联盟成功正相关)以及假设 5b(关系治理与分配公平正相关)、假设 6b(分配公平与联盟成功正相关)，并借鉴契约治理到联盟成功的中介机制分析，本书同样做出猜测：关系治理对联盟成功的影响可能是通过程序公平(而非分配公平)这一中介传导机制实现的。

关系治理为实现联盟成功奠定了充分的基础，但只有通过程序公平的中介作用，才可以真正发挥关系治理的积极作用，促进联盟成功的实现。这一推论得到了关系交换理论的支持。关系治理是通过社会关系和共同规范来协调商业交换的(Mesquita et al.，2008a；Poppo et al.，2002)。通过促进联盟各方之间的合作和相互尊重，促使合作伙伴对联盟更加忠诚(Zhou et al.，2008)，能够投入更多的精力去和另一方协调与沟通，促使联盟双方在互相认可和相互支持的氛围中进行合作，并能够迅速建立起公平的秩序和良好的规范，促使联盟合作进入一个良性循环(Ariño et al.，2001；Ring et al.，1994)。因而，关系治理能够促进联盟成员进行更加深入和公平的沟通与合作，确保了合作任务的顺利完成，并进一步扩大了联盟的市场份额，激发了联盟的快速成长(Abdi et al.，2017；Poppo er al.，2008b)。相反，如果忽视程序公平所起的中介作用，将会掩盖关系治理与联盟成功之间的深层次内在机制，不利于探究在联盟企业选择关系治理机制后联盟成功的真正实现路径。事实上，如果不考虑程序公平这一间接机制，联盟成功就可能被视为是关系治理而非组织间程序公平的作用，这将会造成联盟企业在合作中仅重视联盟关系治理的单一作用（Heide et al.，2014；Mcevily et al.，2003），而忽略程序公平在关系治理促进联盟成功过程中起到的关键作用，从而不利于联盟目标的实现。于是，本书提出假设7b：

假设7b：关系治理通过程序公平的中介作用对联盟成功产生正向影响。

3.2.3 有调节的中介效应

在探究了公平识别在治理机制与联盟成功关系间的中介效应后，本书将继续深化这一讨论并提出如下问题：公平识别的中介作用是否一成不变？不同情境因素是否会在其中起作用？对这些问题的解答，将有助于我们阐明治理机制通过公平识别影响联盟成功的深层次机理及其边界条件，为揭示公平识别在何种情况下起到最优中介作用提供必要的逻辑解释。联盟企业在合作过程中难免会遇到各类不确定性和伙伴间冲突等因素的干扰，而不同类型的不确定性和伙伴间冲突是联盟企业能否实现合作目标的重要决定因素（Leiblein，2003）。不确定性和伙伴间冲突会导致联盟运行成本提高，伙伴间交流障碍增加，并给联盟带来较高的关系风险或运作风险（Das et al.，1998；Kale et al.，2007），进而影响联盟成员对程序公平和分配公平的理解与识别，最终影响联盟绩效的实现（Contractor et al.，2015；Luo et al.，2015；Poppo et al.，2014）。因而，探讨不确定因素（包括环境不确定性和伙伴行为不确定性）、伙伴间冲突因素（包括建设性冲突和破坏性冲突）对于公平识别中介作用的调节效应显得十分必要，有助于对上述问题做出更加全面、深入的回答。

在战略联盟形成以后，企业间合作会遭遇各种不确定因素的干扰。由于不确定性带来的动荡、敌对和复杂变化的元素往往会扰乱联盟的正常运行，从而使不确定性成为联盟运行中合作伙伴面临的一个重要风险因素（Carson et al.，2006）。联盟的不确定性可以区分为来自外部环境因素变化所导致的不确定性与联盟内部伙伴之间行为不可预测性所带来的不确定性，即环境不确定性和伙伴行为不确定性两种类型（Jiang et al.，2017；Vrande et al.，2009）。在这两种不同类型不确定性的影响下，联盟企业依赖公平识别进而促进联盟成功的有效性可能会有所差异，因而需要进一步深入阐明。

本书首先提出，当环境不确定性程度更高时，联盟企业会更加依赖于程序公平而非分配公平以实现联盟成功。Jiang 等（2017）将环境不确定性归纳为需求层面的不确定性和技术层面的不确定性。基于交易成本理论的分析可知，高度的外部需求不确定性会给联盟带来高额的试错成本和监控成本（Joshi et al.，2003；邢天才 等，2022）。为了确保联盟活动能够按照商定的契约顺利开展，联盟企业必须花费大量财力、人力、物力来捕捉和监控市场上顾客需求的变化，并对难以预测的顾客需求变化信息做出反应(Dess et al.,1984),这使得联盟企业不仅要花时间和精力去监控需求的不断变化,还要花费更多的资源来应对需求的改变。此时,由于分配公平强调结果而不是中间过程,联盟企业容易对联盟运行过程中出现的需求变化“视而不见”,造成非常高的“试错”成本,以致分配公平的作用大大减弱。

相反,高水平的程序公平能够通过建立规章制度、决策程序以简化联盟运行所面临的需求变化,对市场上的顾客行为建立相应的分析机制和研究程序,使其成为联盟管理活动的一部分(Cremer et al.,2003;Thibaut et al.,1978),最终尽可能降低需求不确定性所带来的高额成本,以确保联盟顺利实现预期的目标。而当高度的技术不确定性存在时,意味着联盟企业难以预测和捕捉到技术发展和技术更替的趋势,这使得联盟中原有的知识和技术可能已经无法适应新的技术变化(Yang et al.,2011),造成联盟双方对合作伙伴的认可程度降低,联盟合作成功的信心下降,从而容易造成极大的关系风险,甚至危及联盟的生存。而高水平的程序公平能够提高联盟成员对合作过程的满意度,即使联盟成员无法预测市场上的技术更替规律,合作双方也能够按照既定的程序做出调整,确保合作的顺利进行,并尽可能从合作伙伴处获取新知识和新技术,实现互惠互利,从而降低联盟的关系风险,达成既定的合作目标(Das et al.,1998)。但在这种情境下,由于外部环境中的需求和技术均在不断变化,过于强调分配公平容易导致联盟伙伴陷入事先约定好的贡献与收益均衡的表象中,不利于联盟企业及时发现环境变化问题并尽可能在联盟运行过程中做出有针对性的改变,阻碍了联盟成功目标的实现。基于此,本书提出假设 8a:

假设 8a:当环境不确定性程度更高时,联盟企业会更加依赖于程序公平而非分配公平以实现联盟成功。

同样,本书提出当伙伴行为不确定性程度更高时,联盟企业会更加依赖于分配公平而非程序公平以实现联盟成功,主要包括以下原因。首先,伙伴行为不确定性是联盟伙伴之间出于各自利益、立场所产生的、主观上存在故意的机会主义行为,将在很大程度上导致合作产生波动,是战略联盟中特有的现象(Brouthers et al.,2003;Krishnan et al.,2006;Mellewigt et al.,2015)。当伙伴行为不确定性程度很高时,分配公平因其明确的联盟最终利益分配方案,使得联盟双方明白,即使采用欺骗、隐瞒、伪造的手段谋取了短期利益,而在最终结果分配时依然会按照事先约定的公平分配方案清算额外产生的利益,并将其纳入最终利益分配方案中,从而能够打消联盟双方投机行为的动机(Brown et al.,2006)。而基于公平理论的分析可知,程序公平强调联盟运行过程中程序制定、决策设计的合理性和透明度,依靠的是合作双方对信息的共享以及充分的相互理解(Sweeney et al.,1993;Walumbwa et al.,2010)。一旦出现高度伙伴行为不确定性时,合作伙伴未来的联盟行为变得难以预测,联盟双方很难把握对方信息分享的程度,甚至会故意隐瞒、欺骗对方

(Santoro et al.,2005),使其所制定的策略表面看起来合理、实际上却不利于联盟的正常运行,阻碍联盟目标的实现。因此,联盟企业会更加依赖于分配公平来实现联盟最终的成功。

其次,当伙伴行为不确定性增高时,企业难以建立有效的程序和制度规范来抑制合作伙伴的违约风险,容易造成监督和控制成本大大增加(Brouthers et al.,2003),以致程序公平对联盟成功的正向作用削弱。而分配公平强调合作伙伴一开始的投入、对联盟的贡献与最终所得的公平程度,假如联盟伙伴投入相当,但在联盟运行过程中一方偷奸耍滑,贡献模糊不明,那么其最终所获得的回报也会变少(Moorman et al.,1998)。因此,分配公平能够尽可能地降低双方的不信任行为,减少诸如模糊信息、窃取技术、逃避责任等不利于评估贡献的行为,从而能够降低联盟的交易成本,促使联盟取得成功。基于此,本书提出假设8b:

假设8b:当伙伴行为不确定性程度更高时,联盟企业会更加依赖于分配公平而非程序公平以实现联盟成功。

战略联盟特别重视合作伙伴之间是否能够展开友好的互动、是否能够产生较强的相互承诺,并最终实现联盟目标(江旭 等,2015;Mohr et al.,1994)。然而,由于在联盟运行过程中不可避免会产生各种各样的冲突,联盟双方不得不谨慎面对与合作伙伴的关系走向(Amason et al.,1994;Hambrick et al.,1996;Zaheer et al.,1998)。早期的联盟学者更多地将冲突定义为联盟一方与另一方产生不一致或者对立的状况(Amason,1996;Das et al.,2002;Habib et al.,1989),即通常关注伙伴间的破坏性冲突,且大量研究指向这类冲突会给联盟带来负面影响,造成联盟的不稳定和运行风险(Bucklin et al.,1993;Zaheer et al.,1998)。其后,组织间关系研究学者们进一步发现,组织间冲突不仅仅是对抗性且不利于组织间关系发展的破坏性冲突,也包括组织间难以避免的、由于对合作任务或目标的理解存在偏差以及最佳解决方案不一致等所导致的冲突,这类冲突被称为建设性冲突,有助于合作伙伴间建立更高效的决策机制和合作秩序(Robbins,2014)。由此,依据对组织的影响结果不同,冲突可以划分为伙伴间建设性冲突和伙伴间破坏性冲突两种类型(Li et al.,2011;刘江花 等,2012;Robbins,2014)。由于建设性冲突和破坏性冲突会给联盟运行与结果带来不同的影响,本书认为这两种冲突类型对联盟公平识别促进联盟成功的影响机理也将具有差异性。

本书提出当伙伴间建设性冲突程度更高时,联盟企业会更加依赖于程序公平而非分配公平以实现联盟成功。首先,伙伴间建设性冲突是以任务实现为目标的良性冲突,合作双方就相关的工作问题和合作任务提出各自的不同见解,旨在更有效地完成相关合作任务(Jehn,1995;周青 等,2014)。这类冲突有助于联盟做出高质量的决策,能够帮助每个成员更充分地了解联盟决策的细节,在很大程度上完善了联盟双方既定程序的实施有效性,从而能够正向促进程序公平对联盟成功的影响效果(Amason,1996)。相比之下,分配公平是以强调结果分配的公平程度为目的的一类公平感知,其本身就不太关注联盟运行过程中伙伴间的行为互动(Janssen et al.,2010;Laczniak et al.,2011)。比较而言,伙伴间的建设性冲突对分配公平比对程序公平的影响更为微弱,从而无法有效提高联盟企业依赖分配公平促进联盟成功的有效性。

其次,基于公平理论的分析可知,高水平的程序公平需要合作双方共同设计并制定决策以满足合作双方对程序公平的认可(陈海涛 等,2021)。而伙伴间建设性冲突能够促进联盟成员聚焦于共同解决合作中出现的各种问题并进行充分的沟通和交流(江勇 等,2003),在很大程度上能够增强合作伙伴对程序公平的感知程度,从而提高程序公平对联盟成功的积极作用效果。而由于伙伴间建设性冲突并不涉及合作伙伴对以结果为导向的分配公平的感知程度,因而无法有效促进分配公平对联盟成功的积极影响。综合以上两个原因,本书认为当伙伴间建设性冲突程度更高时,联盟企业会更加依赖于程序公平以实现联盟成功。因而我们提出假设9a:

假设9a:当伙伴间建设性冲突程度更高时,联盟企业会更加依赖于程序公平而非分配公平以实现联盟成功。

同样,基于以下几个方面的原因分析,本书认为当伙伴间破坏性冲突程度更高时,联盟企业会更加依赖于分配公平而非程序公平以实现联盟成功。首先,伙伴间破坏性冲突会带来高额的交易成本,大大降低了组织获利的可能性(Li et al.,2011;Robbins,2014)。而分配公平旨在平衡联盟双方的最终绩效,使联盟成员获得各自认可的利益分配(Greenberg,1990;Sweeney et al.,1993)。换言之,分配公平是以双方能够获得满意绩效为追求,将联盟成员的注意力集中在如何提高最终绩效上(Deutsch,1975;Folger et al.,1989;Janssen et al.,2010),而不是做出有损联盟绩效的破坏性行为,因此能够抑制破坏性冲突所造成的高昂交易成本,确保联盟的顺利运行,促进联盟目标的实现。程序公平依赖于合作双方稳固的合作关系与相互配合的沟通(雷培莉 等,2000),破坏性冲突的存在容易造成程序公平实现的基本条件难以满足,破坏性冲突大大削弱了程序公平作用的发挥。因而,在伙伴间高度破坏性冲突存在的情境下,联盟企业会更加依赖于分配公平而非程序公平来实现联盟最终的成功。

其次,当伙伴间存在高度的破坏性冲突时,往往会引起伙伴之间关系紧张,进而破坏联盟的稳定性和一致性,使得合作双方产生对联盟的不满意情绪(Amason,1996;Hambrick et al.,1996)。分配公平能够大大增强各联盟成员对联盟运行和结果的满意度与忠诚度,缓解联盟成员间彼此对立的紧张关系和不满情绪,促使合作伙伴紧紧围绕一个共同的目标而努力,最终实现联盟成功。相反,程序公平强调的是联盟运行过程中的决策合理性和认可度,当破坏性冲突程度较高时,联盟成员对联盟决策过程的接受度大大降低(Schweiger et al.,1989),从而不利于实现联盟最终成功。因而我们提出假设 9b：

假设 9b：当伙伴间破坏性冲突程度更高时，联盟企业会更加依赖于分配公平而非程序公平以实现联盟成功。

综合上文假设，恰当的治理机制（契约治理和关系治理）有助于增强伙伴间的公平识别，而高水平的公平识别（程序公平和分配公平）能够进一步促进联盟目标的实现。不同公平识别和联盟成功间的正向关系将会受到联盟内外部不确定性的影响，且不确定性通过影响联盟伙伴不同的公平识别方式进而影响联盟公平与联盟成功的关系。当环境不确定性程度更高时，联盟企业会更加依赖于程序公平实现联盟成功；而伙伴行为不确定性是通过影响分配公平而非程序公平来实现联盟成功。因此，结合假设 6a 和 6b、假设 7a 和 7b、假设 8a 和 8b，本书产生了第二阶段有调节的中介效应模型（Edwards et al.，2007），如本章 3.1 节图 3-1 所示。这个整合的理论模型认为，公平识别（包括程序公平和分配公平）对治理机制（包括契约治理和关系治理）和联盟成功间的关系起到中介作用，而这一中介作用的强度将会受到不确定性（包括环境不确定性和伙伴行为不确定性）程度的影响，即随着两类不确定性程度的变化而发生变化。

高度的环境不确定性意味着联盟合作存在巨大的风险和变化，致使联盟伙伴对程序公平的依赖程度增加，通过基于准确度和透明度的决策，能够促进双方对程序公平的重视（Thibaut et al.，1978），并进一步促进联盟最终的成功。因而，关系治理、程序公平和联盟成功间的正向关系在高度环境不确定性的情境下得以增强。与此相对应，高度的伙伴行为不确定需要联盟伙伴事先通过白纸黑字对联盟目标、联盟运营与联盟利益分配等进行具体规定（Krishnan et al.，2016；Li et al.，2011），强化了分配公平对联盟成功的正向影响。事实上，高度的伙伴行为不确定性破坏了程序设定、制度规范以及信任发展，降低了联盟成员分享信息和知识的意愿（Abdi et al.，2012），从而强化了契约治理对分配公平的作用，进而对联盟成功产生积极影响。因此，高度的伙伴行为不确定性强化了契约治理、分配公平和联盟成功间的正向关系。于是，我们提出假设 10a 和假设 10b：

假设 10a：当环境不确定性程度更高时，程序公平在关系治理与联盟成功间所起的中介作用更强。

假设 10b：当伙伴行为不确定性程度更高时，分配公平在契约治理与联盟成功间所起的中介作用更强。

与上一组假设相对应，治理机制（契约治理和关系治理）、公平识别（程序公平和分配公平）与联盟成功的正向关系还将会受到伙伴间冲突的影响。其中，伙伴间冲突通过影响联盟治理机制的选择方式进而影响治理机制和联盟成功的关系。当伙伴间建设性冲突程度更高时，联盟企业会更加依赖于关系治理而非契约治理以实现联盟成功；而伙伴间破坏性冲突是通过影响联盟企业选择契约治理而非关系治理来实现联盟成功的。因此,结合假设 6a 和 6b、假设 7a 和 7b、假设 9a 和 9b 以及图 3-1 所示的第二阶段有调节的中介效应模型,我们认为,公平识别(包括程序公平和分配公平)对两类治理机制(契约治理和关系治理)与联盟成功间的关系起到中介作用,而这一中介作用的强度不仅仅会受到联盟内外部不确定性的影响(假设 8a 和 8b),还会受到伙伴间冲突(包括建设性冲突和破坏性冲突)的影响(假设 9a 和 9b),并由于不确定性类别和冲突类别的不同而产生差异性影响(Edwards et al.,2007)。

伙伴间建设性冲突为联盟合作提供了更加有黏性的合作方式(Robbins,2014),不仅直接增加了关系治理对联盟成功的积极作用,更通过对高质量决策的促进,提升了联盟伙伴间的程序公平,并进一步促进了联盟的成功。因而,伙伴间建设性冲突增强了关系治理、程序公平和联盟成功间的关系。破坏性冲突需要契约治理的强制法律效力来弥补其带来的不利影响,抑制不合作行为的发生,确保联盟合作的顺利进行(Li et al.,2011),因而更加强调契约治理对联盟成功的积极影响。同时,伙伴间破坏性冲突消磨了联盟运行过程所依赖的决策程序(Cai et al.,2009;Liu et al.,2009)。既定的程序几乎无济于事,联盟双方将主要依照契约的约定进行联盟管理、终止以及最终的利益分配,从而强化了契约治理对分配公平的积极作用。因此,伙伴间破坏性冲突强化了契约治理、分配公平和联盟成功间的正向关系。于是,我们提出假设 11a 和假设 11b:

假设 11a:当伙伴间建设性冲突的程度更高时,程序公平在关系治理与联盟成功间所起的中介作用更强。

假设 11b:当伙伴间破坏性冲突的程度更高时,分配公平在契约治理与联盟成功间所起的中介作用更强。

3.3 本章小结

在解释模型构建逻辑的基础上,本章共提出 11 组 26 个假设。每个具体的假设关系如表 3-1 所示。

表 3-1 本书所提出的假设关系

假设序号	具体内容
假设 1a	契约治理与联盟成功正相关
假设 1b	关系治理与联盟成功正相关
假设 1c	关系治理比契约治理对联盟成功的正向作用更大

续表

假设序号	具体内容
假设 2a	当环境不确定性程度较高时,联盟企业会更加倾向于依赖关系治理而非契约治理以实现联盟成功
假设 2b	当伙伴行为不确定性程度较高时,联盟企业会更加倾向于依赖契约治理而非关系治理以实现联盟成功
假设 3a	当伙伴间建设性冲突程度较高时,联盟企业会更加倾向于依赖关系治理而非契约治理以实现联盟成功
假设 3b	当伙伴间破坏性冲突程度较高时,联盟企业会更加倾向于依赖契约治理而非关系治理以实现联盟成功
假设 4a	契约治理与程序公平正相关
假设 4b	契约治理与分配公平正相关
假设 4c	相较于程序公平,契约治理对分配公平的正向作用更大
假设 5a	关系治理与程序公平正相关
假设 5b	关系治理与分配公平正相关
假设 5c	关系治理对程序公平的正向作用比对分配公平的正向作用更大
假设 6a	程序公平与联盟成功正相关
假设 6b	分配公平与联盟成功正相关
假设 6c	相较于分配公平,程序公平对联盟成功的正向作用更大
假设 7a	契约治理通过分配公平的中介作用对联盟成功产生正向影响
假设 7b	关系治理通过程序公平的中介作用对联盟成功产生正向影响
假设 8a	当环境不确定性程度更高时,联盟企业会更加依赖于程序公平而非分配公平以实现联盟成功
假设 8b	当伙伴行为不确定性程度更高时,联盟企业会更加依赖于分配公平而非程序公平以实现联盟成功
假设 9a	当伙伴间建设性冲突程度更高时,联盟企业会更加依赖于程序公平而非分配公平以实现联盟成功
假设 9b	当伙伴间破坏性冲突程度更高时,联盟企业会更加依赖于分配公平而非程序公平以实现联盟成功
假设 10a	当环境不确定性程度更高时,程序公平在关系治理与联盟成功间所起的中介作用更强

续表

假设序号	具体内容
假设 10b	当伙伴行为不确定性程度更高时，分配公平在契约治理与联盟成功间所起的中介作用更强
假设 11a	当伙伴间建设性冲突的程度更高时，程序公平在关系治理与联盟成功间所起的中介作用更强
假设 11b	当伙伴间破坏性冲突的程度更高时，分配公平在契约治理与联盟成功间所起的中介作用更强

»第 4 章

研究方法

在上文提出理论模型和研究假设的基础上，本章将采用实证研究的方法，通过问卷调查的手段收集大样本企业数据，并通过对一手调研数据进行多角度分析，系统检验上文提出的各项研究假设。本章首先介绍调查问卷的设计过程、样本的选择标准、数据的收集过程、样本企业的特征、样本的可靠性等基本内容，其次论述本书所用的所有研究变量的文献来源、测量指标与测量依据，最后介绍本书所使用的各个实证统计分析方法及其在本书的应用情况。

■ 4.1 样本与数据收集

根据本书设定的研究目标和前文构建的总体研究框架，课题组设计用于探究本土企业战略联盟治理与管理问题的调研问卷，阅读并参考了国内外大量有关战略联盟形成、运行、演化及其结果等联盟运行全生命周期各个方面的研究文献，借鉴现有战略联盟研究学者的多样化研究成果，通过课题组内部多次讨论、比较和选择，形成了调查问卷初稿。紧接着，课题组与战略联盟领域的研究专家、负责联盟管理的高层管理人员等，就调研问卷的初稿进行了充分讨论，并在此基础上对调查问卷初稿进行了删减、修改和调整，编制出适用于测量本书所有研究变量的初始量表，从而形成了“中国企业战略联盟治理与管理问题调查问卷(预调研)”。其后，课题组开始对所设计的调研问卷进行本地企业的预调研，并再一次对调研表的总体布局、变量放置次序和测量题项等进行调整、修正和完善，最终形成了供最终企业调查所使用的正式调研问卷——“中国企业战略联盟治理与管理问题调查问卷”。

4.1.1 问卷设计描述

本次战略联盟治理与管理问题调查问卷的基本内容涉及多个方面，包括目标企业的一般信息、企业外部网络信息、企业经营环境及制度体系状况、目标企业的战略联盟形成决策、目标企业的战略联盟治理与管理及其联盟结果等各个层级、各个方面的多样信息。调研问卷中所涉及的变量及其相应的测量题项，大都是参考国内外已有相关研究中被广泛采用的成熟量表，并依据中国企业战略联盟治理与管理的实际状况进行了适应性调整和完善，因而，本书包含的所有测量题项均有充分的文献来源和研究支撑。

本次调研的问卷设计过程及其各个阶段大体如下：首先，在课题组组长（导师）的带领下，从课题组成员中选出四位有着较好教育和学术背景且均具有良好中英文论文发表记录的高年级博士研究生，请其中两位博士生对外文文献中的相关变量和问卷题项进行反复阅读并翻译成中文，保证每一个变量及其测量题项均被这两位博士研究生独立翻译过；其次，在课题组组长的指导下，这两位博士研究生将各自独立翻译的问卷题项进行讨论、核对和选择，初步形成一个意见一致的变量及其测量指标的中文翻译版本，从而确定每个变量及其相对应测量指标的具体中文翻译版本；再次，请另外两名博士生将每个变量及其测量指标的中文版本回译成英文版本，对照原英文版本中的变量及其测量量表与回译成英文版本的变量及其测量量表，对每一个不一致的地方都进行讨论、界定并消除一切歧见，以确保翻译获得的中文问卷的原真性、真实性与准确性；最后，在反复核对中英文版本的调研问卷后，最终形成用于正式调研的中文版本调研问卷。

纵览本次调研问卷的总体设计思路和结构安排，我们所采用的是以定量的封闭式调查问题为主、定性和定量相结合的常见问卷设计方法，每一套问卷的发放都采取双份问卷调研（A、B卷）的方式，请被调研企业的两名高层管理人员（包括董事长、CEO、总经理和主管联盟事务的副总经理等）分别独立填写内容相同的A卷与B卷。定量问题的选项设计采用利克特量表法（Likert scale），由非常否定至非常肯定分别用1至7分对每个题项进行测量。问卷调研对象分为国有企业、民营企业、集体（合伙）企业和中外合资（合作）企业等，包含多种企业类型，调研对象所属行业主要包括能源、化工、机械、电子和IT等制造业行业。

4.1.2 预调研过程

在上述调研问卷设计完成以后，课题组首先在当地进行了预调研。自2015年7月初至8月末，课题组选择本地20家企业的40名主管战略联盟事务的高层管理人员进行了预调研，这些企业均为已经组建了至少存在一年的战略联盟的本地企业，所选择的40名高层管理人员也均具有战略联盟管理经验，包括董事长、CEO、总经理和主管联盟事务的副总经理等各类高层管理人员。课题组对这些企业和高层管理人员进行调查的主要目的，是判断前期设计的调研问卷是否能够真实反映目标企业的联盟治理与管理实践。我们就前期设计的调查问题征询这些高层管理人员的意见，以实现如下两个目标：一是使调研问卷所包含的各个变量和测量题项能够准确且恰当地描述目标企业在战略联盟治理与管理方面的实际情况；二是为了能在大规模调研展开之前，通过企业联盟实践管理人员的评判和指导，消除调研方法、问卷结构安排、测量题项设计和文字表述表达等方面存在的不足、缺陷与漏洞，以使调研结果更为准确、实用。

为了避免目标企业高层管理人员的主观情感、个人偏好、教育背景、语义理解等个体特征差异造成的潜在回答偏差，课题组在每个企业选择 2 名高层管理人员进行面对面的访谈与现场问卷填写。在与这 40 名高层管理人员分别进行交流的过程中，课题组成员和他们探讨并交换了有关本书研究主题的必要性、重要性和研究价值等各个方面的问题，所访谈的高管们一致认为，本书的研究问题和他们在联盟治理与管理实践中所遇到的现实问题相吻合，他们承认，对于其中一些机理性或机制性的实践问题，如果能够从理论上阐述清楚，将有助于他们进行联盟治理机制的选择决策，也有助于提升他们和合作伙伴的关系发展及其在联盟中的公平感知，对提升联盟绩效满意度，从而确保战略联盟最终取得成功具有重要的理论价值和指导意义。

具体的预调研过程如下：本书的调研人员在前期沟通并得到被调研对象同意的基础上，亲自带着预调研问卷到被调研对象的办公地点，请他们进行面对面的问卷填写，并对其中难以理解或表述模糊的问题当场给予解答并现场记录，还请被调研人员在填写问卷后，就问卷的格式、内容、布局和具体题项设计等各个方面提出自己的看法、意见和建议，由本书的调研人员在旁将这些意见一一记录，到预调研全部结束后对这些意见进行了汇总、整理，为后续问卷修改和完善提供依据。最终汇总的关键意见主要有以下两个方面："程度比较类型"的问题回答起来较烦琐，被调研人员倾向于直接回答问题并建议所有题项最好是可以直接画钩的题型。

在预调研问卷全部收回后，课题组根据问卷填写人在预调研中提出的意见、建议和调研人员在预调研过程中的观察与体会，对预调研问卷进行了进一步讨论、修改和完善，使之更加准确、清晰，也更加便于理解和填写，在此基础上确定了正式调研问卷的全部内容。本书涉及的详细问卷量表，请参阅本章"4.2 变量度量"一节。

4.1.3 正式调研过程

在开展预调研并确定正式调研问卷后，本书于 2015 年 9 月至 2016 年 1 月进行了全国范围内联盟企业的正式调研工作。课题组事先对参加现场调研取样工作的所有调研人员进行了全面培训，培训内容包括问卷基本背景知识、问卷内容和结构安排、调研方式和时长、沟通技巧与交流注意事项等，确保每个参与调研的人员均能够熟悉调研问卷的每一个变量及其题项含义。

遵循先前研究普遍采用的抽样方法，为使调研对象更具代表性和广泛性，本书按照我国东部、中部和西部等三个区域划分①，在每个区域各抽取 600 家企业，一共

① 由于历史原因，这里采用的是"三大经济带"的划分方式。

涵盖全国 25 个省、自治区和直辖市的 1800 家企业。同样，和先前主流实证研究一致，本书的调研企业样本从调研目的地开发区管委会或政府统计部门提供的企业名录中随机抽样产生，抽样范围主要包括制造类企业，涉及能源、化工、机械、电子和 IT 等多个行业。本书的调研团队首先与这些在各个地区随机抽样的企业通过电话或电子邮件等方式取得联系，询问各个企业近年来战略联盟的组建、治理与管理等情况，并诚意邀请他们参与此次以学术研究为目的的问卷调研。调研共收到来自 629 家企业的回复，其中有 31 家企业目前没有正式联盟项目或组建战略联盟的时间不足 1 年，因而不符合本书的调研需求，剩余 598 家组成战略联盟超过一年的企业构成了本书的最终调研对象。

在和各个企业确定具体调研时间以后，本书的调研人员带着纸质调研问卷，采用上门面访的方式对这 598 家企业进行逐一拜访。在到达被调研企业后，我们的调研人员首先向对方说明此次调研的目的、方式及所需的大致时间，并承诺未来会把问卷分析中有价值的结果反馈给他们，以提高问卷回收率并保证问卷填写质量。在被调研人员填写问卷期间，我们的调研人员还就被调研人员提出的有关问卷语意、变量和指标内涵等各个问题进行当面解释和澄清，并对被调研人员填写中遗漏或回答不完全的一些问题提醒被调研人员尽可能补充完整。平均来看，每家企业的调研活动平均持续 1 个小时左右。调研结束后，调研人员当场收回填写后的问卷，同时赠送给被调研人员一支印有课题组所在学院院徽的钢笔，并承诺可以与调研企业分享未来的研究结论和研究成果。

4.1.4 结果整理和录入过程

通过课题组在上述各个阶段的努力，至问卷调研结束，共收回 481 家企业填写的双份问卷。总体而言，这 481 家企业的规模分布较为均衡；企业的所有制类型具有广泛性和多样性，涵盖了国有企业、民营企业、集体（合伙）企业和中外合资（合作）企业等；企业所处行业主要集中在机械、化工、电子、IT 和能源等制造业。当然，由于调研人员能力和水平存在差异，被调研人员工作经验、职位以及态度也具有差异性，其中也出现了一些完整性和有效性较低的问卷。为此，本书的调研团队采用了多种方法对所有回收的问卷进行了有效性筛选。调研团队首先对回收的每份问卷进行整理与编号，按照地区加数字加 A、B 的方式进行编码，即同一企业的两份问卷按照 A、B 分别编号。然后，依据以下问卷无效标准筛选每一份问卷，删除数据不全或可能存在不诚实回答的问卷：①答案缺失的问题达到问卷全部问题四分之一及以上数量的问卷；②“题项选择答案相同”连续达到全部问题四分之一及以上数量的问卷。按照以上标准进行逐一筛选，发现其中有 71 家企业的问卷无效从而将之剔除，剩下 410 家企业完整、有效的双份调研问卷，构成了本书的最终样本。

确定了最终样本后，课题组对问卷中的各个变量及其相应题项进行编号，并依照问卷内容和题项顺序，将410家有效样本企业的双份问卷信息全部输入计算机，并将数据存储到ACCESS数据库中。另外，考虑到手工输入问卷结果可能存在一定的疏忽或错误，课题组采用每一份问卷均由两名课题组成员分别输入计算机，产生了两个变量名完全相同的ACCESS数据库，然后采用软件对这两个数据库进行逐项对比。若两个数据库中的同一项目(即测量指标)下的某个单元格数据不同或其中一个缺失，则将这个单元格数据与调研时被调研人员原始手工填写的问卷数据进行人工比对和修正。当所有数据的对比与修正工作完成后，对数据格式进行统一，形成最后可供使用的数据库。该数据库包含410家企业的双份调研问卷，课题组将其命名为“中国企业战略联盟治理与管理问题调查数据库”，这个数据库将作为本书进行实证分析和假设检验的数据来源。接下来，本书将对该数据库所包含的样本企业进行简要的样本描述。

1)样本企业的地域分布

本次调研回收的有效样本来源企业涵盖了全国25个省、自治区和直辖市，其分布情况如表4-1所示。

表4-1 双份样本企业地区分布情况表

调研区域	所含省、自治区和直辖市	样本回收情况	
		企业数量/家	比例/%
东部地区(Ⅰ)	北京、天津、河北、辽宁、上海、江苏、浙江、福建、山东、广东	184	44.878
中部地区(Ⅱ)	山西、吉林、黑龙江、安徽、河南、湖北、湖南	145	35.366
西部地区(Ⅲ)	四川、重庆、贵州、云南、陕西、甘肃、宁夏、新疆	81	19.756
总计	25个省区市	410	100.000

2)样本企业的规模分析

依据国家统计局2003年发布的《统计上大中小型企业划分办法(暂行)》对工业企业规模的划分(见表4-2)，本书对调研收回的410家样本企业的规模进行了分类统计，如表4-3所示。

表4-2 工业企业规模划分标准

企业类型	从业人员数/人	销售额/万元	资产总额/万元
大型企业	2000及以上	30000及以上	40000及以上
中型企业	300～2000	3000～30000	4000～40000
小型企业	300以下	3000以下	4000以下

来源：国家统计局《统计上大中小型企业划分办法(暂行)》(2003)。

表 4-3　双份样本企业规模情况表

数量/家	企业规模	所占比例/%
116	大型企业	28.293
142	中型企业	34.634
152	小型企业	37.073

3)样本企业的类型分析

从企业所有制类型分析,样本企业包括国有企业、民营企业、集体(合伙)企业和中外合资(合作)企业等几种类型。具体情况见表 4-4。

表 4-4　双份样本企业所有制类型情况表

数量/家	公司类型	所占比例/%
167	国有企业	40.732
159	民营企业	38.780
28	集体(合伙)企业	6.829
32	中外合资(合作)企业	7.8C5
24	其他	5.854

4.1.5　样本可靠性检验

由于本书采用一手调研数据进行实证分析,所有数据均采用管理者自我报告的方法来收集,因而可能会产生未返回偏差(non-response bias)、共同方法偏差(common method bias)和受访者间可信度(inter-rater reliability)等多种问题。下面我们将采用一系列方法来逐一排除这些问题的潜在干扰。

1)未返回偏差问题

根据先前的大量研究定义,未返回偏差是指实际收回样本与原定的随机样本群体(所考察的抽样总体)在数据分布上存在显著差异,造成实际收回的样本不能有效代表总体样本问题(Armstrong et al.,1977;Lambert et al.,1990)。基于Armstrong 和 Overton(1977)以及 Lambert 和 Harrington(1990)的建议,本书整理了所有回收的 410 家有效样本企业以及所有未回收样本企业的特征信息,采用了两种方法对调研样本的未返回偏差进行了统计检验。本书分别比较了早期收回样本企业和后期收回样本企业,以及实际回收样本企业和未返回样本企业在联盟企业规模、联盟伙伴规模、联盟企业销售额和联盟范围等特征上的差异,t 检验结果表明,在 0.05 水平上这些变量以及变量间均没有显著差异。这些结果表明,本书随机抽样以及统计检验的未返回偏差对本书的统计结果不会产生显著影响。

2)共同方法偏差问题

共同方法偏差是由于调查对象在填写调研问卷时受到主观感受、教育水平和当时情绪等各类因素的影响,使得该调查对象所回答的各问题间具有一定的相关性,从而造成统计结果存在一定程度的偏差问题(Bruggen et al.,2002)。换言之,共同方法偏差问题主要是由所收集的自变量和因变量都是由相同的被调研人员填写所造成的。Podsakoff 等(2003)指出,从多个数据源收集同一变量和题项的数据有助于减少共同方法偏差问题。遵循这一建议,本书的调研人员给每个样本企业发放两份完全相同的问卷,对有关联盟治理和管理等问题由两名企业高层管理人员(例如董事长、CEO、总经理和主管联盟事务的副总经理等)分别回答,并分别标记为 A 卷和 B 卷,且在下文的数据处理上,我们将自变量、中介变量、因变量和调节变量等主要变量分别选自不同被调研人员填写的 A、B 两个问卷,避免全部采用相同的数据源给假设关系检验带来的潜在偏差。此外,在调研的组织和程序上,通过使用保护受访者匿名权(Podsakoff et al.,2003)、减轻题项模糊性(Tourangeau et al.,2000)以及将相关变量放置在不同位置(Parkhe,1993a)等先前研究广泛推荐的方法,进一步降低了共同方法偏差。最后,在问卷收集完成之后,根据哈曼(Harman)单因子检验方法(Podsakoff et al.,1986),把本书涉及的所有指标采用未旋转的、主要因素因子分析程序进行检验,结果没有出现单一的主导因子。因此,可以认为共同方法偏差问题对本书不会产生显著的影响。

3)受访者间可信度问题

先前研究认为,受访者间可信度问题反映了不同受访者评分是否存在一致性的问题(Combs et al.,2003),可以通过计算 Cohen's Kappa(科恩卡帕)系数予以检验。本书检验了所有变量的 Cohen's Kappa 系数,例如,联盟结构和联盟范围的 Cohen's Kappa 值分别为 0.889 和 0.867,这意味着这两个变量间不存在明显的回应者差异。因此,在本书的随后分析中,可以通过算术平均计算出本书所有变量的样本得分,并用以最终的假设检验。

4.2 变量度量

本书的主要变量均为现有文献中已被广泛采用的成熟变量,其度量指标的设计主要采取如下方法:首先,根据 Mumford 等(1996)的建议,本书对每个变量均首先查阅了发表在顶级国际期刊[①]上的相关研究，阅读并查找出比较成熟的变量及其测量题项，构造出本书的初始题项集。在量表选取的过程中，本书主要选取那些在中国背景下开展研究或已被证实适用于中国背景的成熟测量量表。如果某个变量缺乏这类中国背景下的测量指标，本书会在不改变原文献量表原意的前提下，对其他国家背景下的成熟变量测量指标进行适用性修改，以适合我国的具体国情。此外，在将问卷题项翻译成中文时，本书按照中国人的阅读习惯和思考方式调整调研问题的表述方式，方便我国企业的高层管理人员理解并填写问卷。接下来，在对预调研收集的数据进行探索性因子分析后，将统计上与各个结构变量相关的因素保留下来，从而形成了最终测量题项集。

本书的主要变量如自变量、中介变量、调节变量和因变量等均采用多测量指标进行度量，并且每个测量指标都是随机排序的，以防止调研过程中出现任何偏差。除特别说明外，主要变量均采用利克特 7 点量表进行测量，其中 1 代表“完全不同意”，7 代表“完全同意”。由于每家企业问卷分为 A、B 卷，本书中的控制变量、自变量(联盟治理机制)和调节变量(不确定性和伙伴间冲突)选自 A 卷，中介变量(公平识别)和因变量(联盟成功)选自 B 卷，以减少共同方法偏差问题带来的干扰。

4.2.1 自变量

1)契约治理

契约治理通过双方所达成的联盟协议规定双方各自的要求、权利以及任务，并对联盟运行过程进行监控，如果出现不合作行为，则会依据契约条款采取法律手段或依靠第三方机构进行惩罚，旨在抑制联盟成员的机会主义风险(Mellewigt et al.，2007；Malhotra et al.，2011)。基于 Wuyts 和 Geyskens(2005)以及 Lui 和 Ngo(2004)的研究，本书主要采用以下 6 个题项测量契约治理：

(1)我们与对方的合作关系都体现在成文的契约中；

(2)合作协议明确定义了双方的权责利，以及对于违约的处理方式；

(3)合作协议明确地列明了协议的执行方式；

(4)我们与合作伙伴主要通过合作协议来约束双方各自的行为；

(5)合作协议被认为是控制双方投机行为最有效的工具；

(6)双方定期依据协议规定来检查、评价各自的行为和表现。

2)关系治理

关系治理是一种建立在共同目标上的、通过信任和关系规范来维持合作的多

---

① 这些期刊主要包括 *Academy of Management Journal*(《管理学会》)、*Strategic Managemnt Journal*(《战略管理》)、*Journal of Management Studies*(《管理研究》)、*Organization Science*(《组织科学》)、*Journal of Management*(《管理学》)等。

维度概念(Zaheer et al.,1995)。基于 Heide 和 John(1992)以及 Gençtürk 和 Aulakh(2007)的研究,本书使用以下 6 个题项来测量关系治理:

(1)联盟双方愿意建立密切合作机制;

(2)联盟双方建立了良好的沟通与协作关系;

(3)联盟双方互派技术和管理人员以相互协作;

(4)联盟双方成立了协调小组以共同解决联盟中出现的问题;

(5)必要时,联盟双方愿意相互提供资源和设备以供对方使用;

(6)联盟双方建立了共享的合作流程以便相互协调。

4.2.2 中介变量

1)程序公平

基于 Kumar 和 Scheer(1995)在营销联盟中的研究以及 Colquitt(2001)在组织学中的研究,本书采用以下 4 个题项来测量程序公平:

(1)联盟双方在谈判和签订合作协议时所采用的程序是公平的;

(2)联盟双方在决策制定过程中所采用的程序是公平的;

(3)联盟双方能够对合作协议的执行进行公平的管理和监督;

(4)联盟双方能够对战略决策的实施进行公平的管理和监督。

2)分配公平

基于 Kumar 和 Scheer(1995)、Colquitt(2001)以及 Luo(2007)的研究,本书采用以下 4 个题项来测量分配公平:

(1)联盟双方的收入与回报相对于各自对联盟的资源投入来说是公平的;

(2)联盟双方的收入与回报相对于各自对联盟的劳动付出来说是公平的;

(3)联盟双方的收入与回报很好地反映了各自在联盟中所承担的责任;

(4)联盟双方的收入与回报很好地反映了各自在联盟中所付出的努力。

4.2.3 因变量

本书采用管理者对联盟绩效满意度的主观评价进行度量。基于 Kale 等(2002)、Kauser 和 Shaw(2004)的研究,本书采用以下 6 个题项测量联盟成功:

(1)我们对合作关系的发展十分满意;

(2)我们对合作项目的总体质量水平十分满意;

(3)我们对合作绩效十分满意;

(4)我们基本实现了预期的合作目标;

(5)通过合作,我们的竞争能力有所提高;

(6)总体上,我们认为合作是成功的。

4.2.4 调节变量

1)环境不确定性

基于 Dickson 和 Weaver(1997)的研究,本书采用以下 6 个题项测量环境不确定性:

(1)顾客需求变化很快;

(2)顾客对产品的忠诚度变化很快;

(3)顾客时刻在寻找新产品;

(4)市场上现有产品的过时速度越来越快;

(5)行业内技术变革的速度非常快;

(6)本行业的核心产品技术换代速度很快。

2)伙伴行为不确定性

基于 Geyskens 等(2006)以及 Brouthers 等(2003)的研究,本书采用以下 6 个题项测量伙伴行为不确定性:

(1)合作伙伴的行为及其后果难以预料;

(2)合作伙伴的能力水平和对联盟的贡献难以完全了解;

(3)合作伙伴是否能全身心投入联盟管理难以监控;

(4)合作伙伴是否会实施机会主义难以察觉;

(5)由于合作伙伴的行为存在各种不确定因素,联盟决策难以有效进行;

(6)由于合作伙伴的行为存在各种不确定因素,联盟决策的执行结果难以预料。

3)建设性冲突

基于 Song 等(2006)以及 Li 等(2011)的研究,本书采用以下 5 个题项测量建设性冲突:

(1)我们和合作伙伴相互提供并接受有建设性的意见而非藏在心里;

(2)当联盟双方出现分歧时,我们总是站在合作伙伴的角度思考问题;

(3)我们与合作伙伴的分歧激励我们寻找解决问题的有效途径;

(4)我们与合作伙伴以友善的方式解决合作中遇到的分歧;

(5)我们与合作伙伴的分歧解决后,相互合作会更有效率。

4)破坏性冲突

基于 Song 等(2006)以及 Li 等(2011)的研究,本书采用以下 5 个题项测量破坏性冲突:

(1)联盟双方员工间的关系有时比较紧张;

(2)联盟双方有许多难以调和的矛盾;

(3)由于存在分歧和紧张,联盟双方很难进行有效合作;

(4)由于存在分歧和紧张,联盟的前景堪忧;

(5)由于存在分歧和紧张,联盟可能提前解体。

4.2.5 控制变量

本书还选取企业年龄、企业规模、伙伴规模、联盟结构、联盟年龄、联盟范围、联盟经验和联盟组合等变量作为控制变量。

企业年龄用调研年份(2015)减去企业成立的年份,并对其取自然对数后进行测量(Jiang et al.,2008)。通常,新成立的企业创新性和冒险性较强,在联盟过程中更倾向于采用探索型合作活动,联盟成功的概率将很低。其次,如果某一联盟企业是新成立的企业,那么其合作伙伴将很难对该企业产生高水平的信任,不利于关系治理机制作用的发挥。

企业规模采用企业员工数的自然对数进行测量,伙伴规模用最重要的合作伙伴员工人数的自然对数进行测量。企业的不同规模大小反映出该企业所拥有的资源和能力的高低。一般而言,规模较大的企业拥有更多的资源禀赋,联盟管理能力也相对更强,从而更有可能在联盟合作中取得成功(Krishnan et al.,2006;车密等,2018)。此外,企业规模有可能影响企业对联盟的承诺以及联盟运行的稳定性(Yang et al.,2012)。

联盟结构被定义为哑变量,1代表股权结构(equity-based alliances),0代表非股权结构(nonequity-based alliances)。联盟结构反映了各方共享资源的意图(Oxley,1997),对联盟结果和联盟绩效也有一定的影响(Jiang et al.,2009;Oxley,1997)。股权联盟由于涉及较高的资产专用性,因此具有较高的伙伴间资源共享水平(Krishnan et al.,2006)。

联盟年龄采用调研年份(2015年)减去联盟形成时的年份,并对其取自然对数后进行测量。联盟成立的时间越短,表明各方在合作中越可能遇到各种各样的冲突和问题,将会影响伙伴间资源共享的程度,同时也阻碍了联盟的顺利运行。Schreiner等(2009)认为,维持越久的战略联盟,合作各方将会越了解彼此,联盟取得成功的可能性也越大。

联盟范围被定义为哑变量,1代表只有研发、制造或营销活动中的某一类合作内容,0代其余组合。在更宽泛的联盟合作范围中,将会涉及类型更多和程度更深的资源共享活动(Jiang et al.,2009;江旭 等,2009)。

联盟经验同样被定义为哑变量,1代表焦点企业和合作伙伴有过合作经验,0代表之前没有合作经验。Anand和Khanna(2000)证实,企业间如果具有先前合作经验,那么其所在的联盟获取成功的可能性更大。

联盟组合被定义为公司拥有的联盟数量，本书取自然对数进行测量。联盟组合的形成是企业提高战略竞争优势和理性战略过程的结果，企业构建联盟组合是为了开发网络资源、增加社会资本、获取更多的外部资源、提高合作经验和学习能力、应对外部竞争环境、降低风险和不确定性等(江积海 等，2013)，因而联盟组合对联盟成功具有积极的作用。

4.3 模型的统计分析方法

先前大量的实证研究文献表明，为保证战略管理领域实证研究的科学性和有效性，需要选择恰当的数据处理和分析方法。为此，本书的统计分析方法主要包括两个方面：①使用 SPSS 19.0 对研究模型的所有反映性指标进行信度和效度检验；②使用 SPSS 19.0 和 PRODCLIN2 对所有假设进行实证检验，下面介绍本书采用的具体分析方法。

4.3.1 信度和效度分析

1)信度分析

现有战略管理实证研究几乎毫无例外地会进行量表的信度检验。信度(reliability)是指对同一种构念进行重复测量时，所得结果的一致性程度。本质上，信度是对量表的一致性或稳定性进行的衡量，同时也是构建构念效度的必要条件。现有战略管理文献中通常用于评价构念内部一致性的指标是克龙巴赫 α 系数(Cronbach's α 系数)(Nunnally，1978)。Cronbach's α 系数取值在 0 到 1 之间，系数值越大代表信度越高。Nunnally(1978)建议，只有当 Cronbach's α 系数值超过 0.7 时，构念的信度才可以通过检验；但根据 Yates 和 Stone(1992)的建议，对于尚未验证过的或新构建的变量，其 Cronbach's α 系数值大于 0.65 即可视为通过。现有文献还指出，Cronbach's α 系数值会受到构念题项数目的影响。当题项较多时，即使各个题项间相关度较低，Cronbach's α 系数值也可能很高。因此，许多研究使用组合信度(composite reliability，CR)，也被称为建构信度(construct reliability)，来评价量表的信度。现有文献一般认为，CR 大于 0.6 就是可以接受的范围(Bagozzi et al.，1992)。

2)效度检验

效度(validity)经常被用于检验测量指标的有效性，即测量指标能否真正刻画所度量构念的内涵。效度越高，表示测量题项越能够表达测量的构念。量表的效度包括多种形式，而其中最经常使用且最为广泛接受的是内容效度(content validity)和构念效度(construct validity)。

(1)内容效度。从概念内涵上,内容效度是指测量题项在多大程度上反映或代表了所要测量的构念,即题项的相符性(Haynes et al. ,1995)。当这些题项符合该构念的内涵时,表明所使用的测量构念具备内容效度。在量表开发过程中,通常可以采取一定的方式保证内容效度,比如测量题项是在先前研究成熟量表的基础上开发的,显然,本书所有测量构念均满足这一要求。

(2)构念效度。和内容效度并列,构念效度指的是测量指标在多大程度上描述了所度量构念的理论结构和特质,由聚合效度(convergent validity)和区别效度(discriminant validity)所组成(Campbell et al. ,1959),也称为建构效度。聚合效度是指不同题项是否可以用来测量同一构念,即验证测量指标是否显著依附于所度量的变量。Fornell 和 Larcker(1981)建议,所有构念平均提取方差值 AVE 大于 0.5,则说明量表具有良好的聚合效度。Anderson 和 Gerbing(1988)补充建议,如果验证性因子(CFA)分析结果显示模型的拟合度较好,并且所有测量题项的路径系数均大于 0.6,t 值大于 2.0,则该模型所用量表具有良好的聚合效度。

区别效度用以检验不同的构念之间是否存在显著差异,即检验不同构念的测量题项是否具有独特性。常见的区别效度检验包含两种方法。首先,如果某一构念能解释方差值的平方根比这个构念与其他所有构念的相关性系数都大,则数据满足区别效度(Fornell et al. ,1981)。其次,Anderson 和 Gerbing(1988)建议,可以通过卡方差异检验(chi square difference test)来评价量表的区别效度,具体步骤为:首先使模型中任意两个构念之间的相关系数等于 1;然后检验该受限模型的卡方值与原模型的卡方值之间的差值是否显著,显著则说明这两个构念是两个不同的构念,从而表明两者之间具有足够的区别效度。

3)多重共线性检验

多重共线性是一个频繁出现且被广泛理解的概念,是指各个自变量之间存在明显的线性相关关系,从而可能对回归方程的结果和有效性产生严重的影响。通常,可以通过计算每一个变量的方差膨胀因子(VIF)来检验多重共线性。如果该值小于 10,则说明变量之间不存在多重共线性问题或者多重共线性问题不会对结果造成影响(Kleinbaum et al. ,1998)。

4.3.2 假设的检验

从第 3 章假设的提出部分可以看出,本书涉及比较效应、调节效应、中介效应以及有调节的中介效应等检验,具体检验方法将一一介绍。

1)比较效应的检验方法

本书的比较效应假设主要体现在同一个自变量(如不同治理机制)回归系数的比较方法:卡方差异检验。卡方差异检验用来判断这两个路径系数是否存在显著差异，即令这两条路径系数相同，计算该受到限制的模型的卡方值与原模型的卡方值之间的差值，如果该差值显著，则说明这两条路径系数显著不同，如果该差值不显著，则说明这两条路径系数无差异。

2)调节效应的检验方法

调节效应是战略管理研究中十分常见的假设提出方式。从表现形式上看，如果自变量 X 与因变量 Y 有关系，但是 X 与 Y 的关系受第三个变量 Z 的影响，那么变量 Z 就是调节变量，而调节变量所起的作用即为调节作用或调节效应。根据 Aiken 和 West(1994)的建议，可以用回归方法检验调节效应，具体包括两个步骤：首先，对自变量和调节变量进行中心化或者标准化处理，构造两者之间的乘积项，这主要是由于自变量和调节变量往往与它们的乘积项高度相关，中心化或标准化的目的就是减小回归方程中的多重共线性。其次，构造乘积项后，将控制变量、自变量和调节变量、乘积项依次放入回归方程中检验调节效应。根据现有研究采用的一致标准，如果该乘积项显著，则说明调节效应存在(温忠麟 等，2012)。

3)中介效应的检验方法

中介效应也是常见的假设提出方式。如果 X 是通过一个中间变量 M 对 Y 产生影响，那么 M 就是中介变量，而中介变量所起的作用即为中介作用或中介效应，如图 4-1 所示。从程度上看，中介效应分为完全中介(full mediation)与部分中介(partial mediation)两种类型。完全中介就是 X 对 Y 的影响完全通过 M 起作用，如果没有 M，X 与 Y 不会有显著的关系；部分中介就是 X 对 Y 的部分影响是通过 M 的作用实现的(温忠麟 等，2012)。在图 4-1 中，系数 c 为自变量 X 对因变量 Y 的总效应，系数 a 为自变量 X 对中介变量 M 的效应，系数 b 是控制自变量 X 的影响后，中介变量 M 对因变量 Y 的效应，系数 c' 是控制了中介变量 M 的影响后，自变量 X 对因变量 Y 的直接效应。当 $c'=0$ 时，M 是完全中介变量，而当 $c'>0$ 时，M 是部分中介。

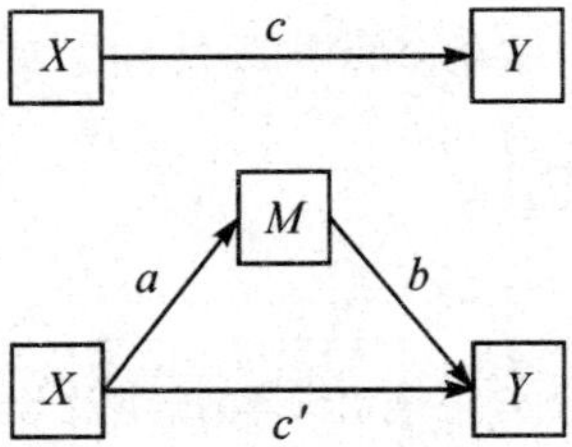

图 4-1　中介效应检验示意图

可以采用多种方法对中介作用进行检验。本书主要采用两种检验中介作用的方法：因果分析法和乘积分步法。因果分析法是最常用的检验中介作用的方法，通常包括三个步骤，首先，自变量的变化能显著解释中介变量的变化，即 a 应显著不等于零；其次，中介变量的变化能显著解释因变量的变化，即 b 应显著不等于零；最后当控制中介作用后，自变量对于因变量的影响 c'，应等于零（完全中介）或者显著降低（部分中介）。然而，这种方法在使用过程中，必须建立因果关系这一前提条件，否则很容易得出错误的结论。因而有学者指出，这一方法存在较为明显的问题，具有最低的统计功效（Mackinnon et al.，2002）。首先，即使 X 对 Y 的作用是显著的、M 对 Y 的作用也是显著的，但却不能保证 X 通过 M 对 Y 的作用也是显著的。也就是说，若 a 显著、b 显著，也不能保证 ab 显著。为此，需要结合系数分布法对中介效应进行更为全面、有效的检验，中介效应需满足以下方程：

$$Y = \tau_{01} + cX + \varepsilon_1 \qquad (4-1)$$

$$M = \tau_{03} + aX + \varepsilon_3 \qquad (4-2)$$

$$Y = \tau_{02} + c'X + bM + \varepsilon_2 \qquad (4-3)$$

其中：τ 为常数，ε 为标准误差。

根据方程（4－2）和（4－3），得出回归系数 a 和回归系数 b 及其标准误差；在 PRODCLIN2 软件中，根据口令输入以上几个值以及置信区间，如果置信区间不包括零，则说明中介效应存在。

4）有调节的中介效应检验方法

有调节的中介效应在现有战略管理研究中被越来越广泛地采用。当由中介变量连接自变量和因变量之间关系的中介过程受到调节变量影响时，便存在有调节的中介作用（Edwards et al.，2007），有调节的中介效应模型主要包括三种：第一阶段有调节的中介效应、第二阶段有调节的中介效应和两阶段有调节的中介效应。本书主要涉及第二阶段有调节的中介效应，如图 4－2 所示，即自变量 X 通过中介变量 M 对因变量 Y 产生的间接效应，依赖于调节变量 V 对 M 与 Y 关系的调节效应。

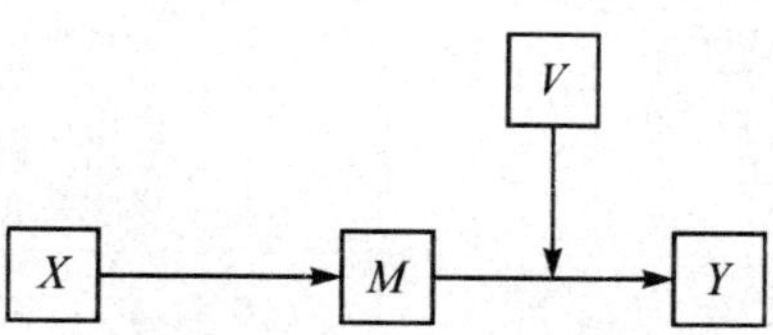

图 4－2　第二阶段有调节的中介效应

Preacher 等（2007）介绍了两种方法来检验有调节的中介效应，具体如下。

（1）回归法。本书提供以下方程来检验第二阶段有调节的中介作用。

$$M = a_0 + a_1 X + \varepsilon \qquad (4-4)$$

$$Y = b_0 + b_1 M + b_2 V + b_3 MV + c'X + \varepsilon \qquad (4-5)$$

把式（4－4）代入式（4－5）中，得到以下方程：

$$Y = b_0 + a_0 b_1 + b_1 r + b_2 V + a_0 b_3 V + a_1 (b_1 + b_3 V) X + b_3 V r + c'X + \varepsilon \qquad (4-6)$$

整体依赖于V的中介作用(间接效应)的规模是$a_1(b_1+b_3V)$。如果V取值较高(V_H)与较低(V_L)两种条件下的间接效应显著不为零,也就是$a_1(b_1+b_3V_L)$或$a_1(b_1+b_3V_H)$显著不为零,那么第二阶段有调节的中介作用便得到了支持。

(2)重复抽样法。对有调节的中介效应进行检验也可以使用重复抽样法直接检验$a_1(b_1+b_3V_L)$和$a_1(b_1+b_3V_H)$的置信区间,如果该置信区间不包括零,则该作用显著存在。

4.4 本章小结

本章主要包括三部分内容。第一部分描述了本书实证研究中的问卷设计、样本选择、相关数据收集过程和数据库特征,并对这些样本数据进行了一系列可靠性检验。第二部分详细介绍和描述了问卷中各个核心变量的测量指标。第三部分介绍了本书的实证研究过程与方法,首先介绍了信度和效度分析以及因子分析等,然后介绍了假设的检验诸如同一自变量回归系数比较分析、调节效应检验、中介效应检验以及有调节的中介效应检验等,为后面的数据分析和假设检验过程提供方法论基础。

» 第 5 章

数据分析

在上一章介绍本书主要采用的实证分析方法的基础上，本章将对调研所得的样本数据进行统计分析与系统检验，验证所提出的概念模型及其相应的假设是否得到支持，并报告统计分析的结果，主要包括描述性统计与相关系数、信度和效度指标、假设检验等内容。

5.1 信度和效度检验

本书首先报告所涉及的各个变量的均值(mean)、标准差(deviation)和相关系数(correlations)，如表 5-1 所示。表中结果显示，本书所有变量间均不存在相关系数过高的情况，均低于 0.7 这一标准，且存在较好的区分度(吴明隆,2000)。同时，各个变量均不存在均值接近最小值或最大值的情况，也不存在标准差过小的情况，表明本书的样本分布是合理的。

信度和效度的分析结果见表 5-2。表 5-2 列出了本书各个测量指标的因子载荷值以及所有变量的内部一致性系数 α 值和 CR 值，可以看出，所有测量题项的因子载荷值均在 0.7 以上；所有 α 系数值和所有 CR 值均超过 Nunnally(1978)所建议的 0.7 标准，证明所有变量的测度均具有良好的信度。加之本书所使用的测量题项大部分来自国外顶级期刊文献，很多学者都曾使用这些量表测量相关变量，因此具有一定的内容效度。

本书使用验证性因子分析的方法来检验聚合效度，结果显示所提出的模型与数据的拟合度非常好($\chi^2/df=2.17$，比较拟合指数 CFI 为 0.97，非基准拟合度指数 NNFI 为 0.97，标准化均方根残差 SRMR 为 0.045，近似误差均方根 RMSEA 为 0.077)，且每一个测量指标的因子载荷值均超过 0.6，t 值均大于 2.0 且显著。此外，表 5-2 的结果显示，每个变量的 AVE 值均超过了 0.5，进一步证明了本书的变量数据具有良好的聚合效度。

表 5-1 描述性统计和相关系数矩阵

变量	1	2	3	4	5	6	7	8	9	10	11	12	13	14	15	16	17
1. 联盟成功	0.867																
2. 契约治理	0.428**	0.880															
3. 关系治理	0.585**	0.568**	0.820														
4. 程序公平	0.624**	0.546**	0.583**	0.894													
5. 分配公平	0.628**	0.523**	0.648**	0.667**	0.913												
6. 环境不确定性	0.161**	0.192**	0.201**	0.144**	0.108*	0.784											
7. 伙伴行为不确定性	−0.145**	−0.043	−0.117*	−0.145**	−0.151**	0.061	0.856										
8. 建设性冲突	0.581**	0.504**	0.644**	0.649**	0.605**	0.237**	−0.142**	0.845									
9. 破坏性冲突	−0.232**	−0.047	−0.159**	−0.222**	−0.204**	0.089	0.637**	−0.190**	0.892								
10. 企业年龄	0.013	0.013	−0.035	−0.056	−0.037	0.096	0.018	−0.031	−0.015	1.000							
11. 企业规模	0.096	0.164**	0.155**	0.102*	0.167**	0.010	−0.020	0.104*	−0.054	0.488**	1.000						
12. 伙伴规模	0.052	0.124*	0.110*	0.093	0.049	0.015	−0.043	0.075	−0.080	0.115*	0.303**	1.000					
13. 联盟结构	0.154**	0.136**	0.189**	0.068	0.082	0.058	0.026	0.172**	0.018	0.033	0.106*	0.065	1.000				
14. 联盟年龄	0.060	0.028	0.045	0.063	0.035	0.046	−0.053	0.029	−0.067	0.240**	0.208**	0.164**	0.038	1.000			
15. 联盟范围	0.241**	0.171**	0.185**	0.205**	0.228**	0.091	0.064	0.209**	0.069	−0.045	0.012	0.052	0.200**	−0.002	1.000		
16. 联盟经验	−0.213**	−0.157**	−0.233**	−0.219**	−0.189**	−0.148**	0.012	−0.195**	0.085	−0.080	−0.123*	−0.162**	0.035	−0.155**	−0.044	1.000	
17. 联盟组合	0.081	0.055	0.091	0.092	0.111*	0.062	−0.023	0.091	−0.023	0.315**	0.349**	0.099*	0.052	0.162**	0.113*	−0.136**	1.000
均值	5.270	5.094	5.193	5.288	5.217	4.787	3.847	5.209	3.318	25.429	6.538	5.877	0.517	1.794	0.498	0.493	1.399
标准差	0.984	1.157	0.996	1.019	1.026	1.108	1.157	0.992	1.334	21.135	2.095	2.260	0.500	0.586	0.500	0.501	0.875

注：2-tailed 双边分布；对角线为能解释方差值的平方根，对角线下面的数值为变量间的相关性系数；* 表示 $p<0.05$；** 表示 $p<0.01$；$n=410$。

表 5-2 量表、信度和效度

变量	量表	因子载荷	AVE	α值	CR
联盟成功	①我们对合作关系的发展十分满意	0.852	0.752	0.934	0.948
	②我们对合作项目的总体质量水平十分满意	0.900			
	③我们对合作绩效十分满意	0.920			
	④我们基本上实现了预期的合作目标	0.872			
	⑤通过合作,我们的竞争能力有所提高	0.859			
	⑥总体上,我们认为合作是成功的	0.798			
契约治理	①我们与对方的合作关系都体现在成文的契约中	0.896	0.774	0.941	0.954
	②合作协议明确定义了双方的权责利,以及对于违约的处理方式	0.873			
	③合作协议明确地列明了协议的执行方式	0.908			
	④我们与合作伙伴主要通过合作协议来约束双方各自的行为	0.877			
	⑤合作协议被认为是控制双方投机行为最有效的工具	0.882			
	⑥双方定期依据协议规定来检查、评价各自的行为和表现	0.840			
关系治理	①联盟双方愿意建立密切合作机制	0.822	0.673	0.901	0.925
	②联盟双方建立了良好的沟通与协作关系	0.871			
	③联盟双方互派技术和管理人员以相互协作	0.846			
	④联盟双方成立了协调小组以共同解决联盟中出现的问题	0.826			
	⑤必要时,联盟双方愿意相互提供资源和设备以供对方使用	0.811			
	⑥联盟双方建立了共享的合作流程以便相互协调	0.740			
程序公平	①联盟双方在谈判和签订合作协议时所采用的程序是公平的	0.902	0.800	0.916	0.941
	②联盟双方在决策制定过程中所采用的程序是公平的	0.914			
	③联盟双方能够对合作协议的执行进行公平的管理和监督	0.903			
	④联盟双方能够对战略决策的实施进行公平的管理和监督	0.858			

续表

变量	量表	因子载荷	AVE	α值	CR
分配公平	①联盟双方的收入与回报相对于各自对联盟的资源投入来说是公平的	0.905	0.834	0.933	0.923
	②联盟双方的收入与回报相对于各自对联盟的劳动付出来说是公平的	0.911			
	③联盟双方的收入与回报很好地反映了各自在联盟中所承担的责任	0.917			
	④联盟双方的收入与回报很好地反映了各自在联盟中所付出的努力	0.921			
环境不确定性	①顾客需求变化很快	0.765	0.615	0.874	0.905
	②顾客对产品的忠诚度变化很快	0.708			
	③顾客时刻在寻找新产品	0.828			
	④市场上现有产品的过时速度越来越快	0.863			
	⑤行业内技术变革的速度非常快	0.777			
	⑥本行业的核心产品技术换代速度很快	0.754			
伙伴行为不确定性	①合作伙伴的行为及其后果难以预料	0.869	0.732	0.927	0.943
	②合作伙伴的能力水平和对联盟的贡献难以完全了解	0.884			
	③合作伙伴是否能全身心投入联盟管理难以监控	0.884			
	④合作伙伴是否会实施机会主义难以察觉	0.870			
	⑤由于合作伙伴的行为存在各种不确定因素，联盟决策难以有效进行	0.804			
	⑥由于合作伙伴的行为存在各种不确定因素，联盟决策的执行结果难以预料	0.820			
建设性冲突	①我们和合作伙伴相互提供并接受有建设性的意见而非藏在心里	0.767	0.715	0.898	0.926
	②当联盟双方出现分歧时，我们总是站在合作伙伴的角度思考问题	0.847			
	③我们与合作伙伴的分歧激励我们寻找解决问题的有效途径	0.886			
	④我们与合作伙伴以友善的方式解决合作中遇到的分歧	0.869			
	⑤我们与合作伙伴的分歧解决后，相互合作会更有效率	0.852			

续表

变量	量表	因子载荷	AVE	α值	CR
破坏性冲突	①联盟双方员工间的关系有时比较紧张	0.851	0.796	0.936	0.951
	②联盟双方有许多难以调和的矛盾	0.883			
	③由于存在分歧和紧张，联盟双方很难进行有效合作	0.913			
	④由于存在分歧和紧张，联盟的前景堪忧	0.918			
	⑤由于存在分歧和紧张，联盟可能提前解体	0.894			

本书使用 Fornell 和 Larcker(1981)推荐的方法对上述变量的区别效度进行检验，其判断准则为:如果某一变量能解释方差值的平方根比这个变量与其他所有变量的相关性系数都大，则满足区别效度。表 5－1 列出了变量之间相关系数和能解释方差值的平方根用以检验区别效度，本书的数据很好地满足这一标准。

为了进一步排除多重共线性的问题，本书计算了每一个变量的方差膨胀因子(VIF)，最大值为破坏性冲突的 2.935，远低于 10。因此，本书认为这些变量之间不存在多重共线性问题。

由于本书所有主变量均具有良好的信度和效度，满足变量单一化处理的要求，因此，本书将以上变量进行了单一化处理(即取该变量所有题项的均值作为该变量的值)。下面，本书将采用层级回归的方法检验本书提出的假设。

■ 5.2 治理机制与联盟成功关系检验

5.2.1 主效应检验

表 5－3 检验了治理机制对联盟成功的影响，M1 是一个基础模型，仅包含了控制变量，M2 加入契约治理，统计结果表明契约治理对联盟成功具有显著的正向影响($\beta = 0.427, p < 0.001$)，假设 1a 获得支持。M3 在基础模型的基础上加入了关系治理，统计结果表明关系治理对联盟成功具有显著的正向影响，假设 1b 获得了支持($\beta = 0.621, p < 0.001$)。M4 同时加入了契约治理与关系治理，表明关系治理($\beta = 0.571, p < 0.001$)比契约治理($\beta = 0.133, p < 0.001$)对联盟成功具有更大的正向影响，假设 1c 获得了支持。

表 5-3　治理机制对联盟成功的影响(回归系数 β)

解释变量		联盟成功			
		M1	M2	M3	M4
控制变量	企业年龄	−0.066	−0.032	0.048	0.031
	企业规模	0.088	0.030	−0.022	-0.025^{+}
	伙伴规模	-0.051^{*}	-0.067^{+}	−0.056	−0.068
	联盟结构	0.113	0.084	0.024	0.017
	联盟年龄	0.028^{***}	0.039^{**}	0.037^{***}	0.037
	联盟范围	0.204^{***}	0.133^{**}	0.140^{+}	0.119
	联盟经验	−0.197	−0.143	−0.065	−0.059
	联盟组合	0.032	0.024	−0.003	0.008
自变量	契约治理		0.427^{***}		0.133^{***}
	关系治理			0.621^{***}	0.571^{***}
R^2		0.121	0.287	0.452	0.475
Adjusted R^2		0.103	0.255	0.439	0.453
ΔR^2			0.166	0.331	0.354
F value		6.868^{***}	8.760^{***}	36.585^{***}	20.898^{***}

注：$^{+}$表示 $p< 0.1$；*表示 $p < 0.05$；**表示 $p < 0.01$；***表示 $p < 0.001$；$n = 410$。

5.2.2　不确定性与伙伴间冲突对主效应的调节作用检验

表 5-4 检验了不确定性对治理机制与联盟成功关系的影响。M5 表明环境不确定性对契约治理与联盟成功的关系没有显著的调节效应($\beta = -0.061, p> 0.1$)，M6 表明环境不确定性对关系治理与联盟成功的关系具有正向调节效应($\beta = 0.159, p < 0.001$)，M7 同时加入了前面两个调节项，表明环境不确定性对关系治理与联盟成功的正向调节效应更大，即当环境不确定性程度更高时，联盟企业会更加依赖于关系治理($\beta = 0.213, p < 0.001$)而非契约治理($\beta = -0.156, p < 0.001$)以实现联盟成功，假设 2a 获得支持。

M8 表明伙伴行为不确定性对契约治理与联盟成功的关系具有正向调节效应($\beta = 0.214, p < 0.001$)，M9 表明伙伴行为不确定性对关系治理与联盟成功的关系没有显著的调节效应($\beta = 0.030, p>0.1$)，M10 同时加入了前面两个调节项，表明伙伴行为不确定性对契约治理与联盟成功的正向调节效应更大，即当伙伴行为不确定性程度更高时，企业依赖于契约治理取得联盟成功($\beta = 0.183, p < 0.001$)而非关系治理($\beta = -0.067, p > 0.1$)以实现联盟成功，假设 2b 获得支持。

表 5-4 不确定性对治理机制与联盟成功关系的调节效应(回归系数 β)

解释变量		联盟成功					
		M5	M6	M7	M8	M9	M10
控制变量	企业年龄	0.039	−0.022	−0.026	0.050	−0.019	−0.019
	企业规模	−0.072	−0.070	−0.087	−0.048	−0.064	−0.052
	伙伴规模	0.081	0.032^{+}	0.034^{*}	0.085	0.022	0.011
	联盟结构	0.035^{+}	0.042	0.039	0.001^{+}	0.028	0.004
	联盟年龄	0.134	0.119	0.127	0.137	0.133	0.118
	联盟范围	-0.135^{**}	-0.042^{**}	-0.042^{**}	-0.139^{**}	-0.067^{**}	-0.062^{**}
	联盟经验	0.027^{**}	0.005	0.010	0.023^{**}	0.008^{+}	0.017
	联盟组合	−0.044	0.041	0.041	−0.025	0.038	0.045
自变量	契约治理	0.417^{***}		0.119^{***}	0.358^{***}		0.069^{+}
	关系治理		0.624^{***}	0.578^{***}		0.622^{***}	0.573^{***}
调节变量	环境不确定性	0.090^{*}	0.047	0.047			
	伙伴行为不确定性				-0.163^{***}	-0.080^{*}	-0.106^{**}
交互项	契约治理×环境不确定性	−0.061		-0.156^{***}			
	关系治理×环境不确定性		0.159^{***}	0.213^{***}			
	契约治理×伙伴行为不确定性				0.214^{***}		0.183^{***}
	关系治理×伙伴行为不确定性					0.030	−0.067
	R^2	0.297	0.487	0.514	0.308	0.468	0.493
	Adjusted R^2	0.259	0.460	0.481	0.274	0.453	0.460
	F value	7.882^{***}	18.437^{***}	15.602^{***}	9.117^{***}	31.846^{***}	14.915^{***}

注：$^{+}$ 表示 $p < 0.1$；* 表示 $p < 0.05$；** 表示 $p < 0.01$；*** 表示 $p < 0.001$；$n = 410$；“×”表示两个变量的乘积。

表 5-5 检验了伙伴间冲突对治理机制与联盟成功关系的影响。M11 表明建设性冲突对契约治理与联盟成功关系没有显著的调节效应($\beta = 0.004, p > 0.1$)，M12 表明建设性冲突对关系治理与联盟成功关系没有显著的调节效应($\beta = -0.021, p > 0.1$)，M13 同时加入了两个调节项，表明建设性冲突对两类治理机制与联盟成功关系均没有显著的调节效应($\beta = 0.050, p > 0.1; \beta = -0.043$,

$p > 0.1$)，因此假设 3a 没有获得支持。

表 5－5 中 M14 表明破坏性冲突对契约治理与联盟成功关系具有显著的正向调节效应($\beta = 0.230, p < 0.001$)，M15 表明破坏性冲突对关系治理与联盟成功的关系具有显著的正向调节效应($\beta = 0.142, p < 0.001$)，M16 同时加入了两个调节项，表明破坏性冲突对契约治理与联盟成功关系具有更强的正向调节效应，即当伙伴间破坏性冲突程度更高时，联盟企业会更加依赖于契约治理($\beta = 0.122, p < 0.001$)而非关系治理($\beta = 0.088, p < 0.01$)以实现联盟成功，假设 3b 获得支持。

表 5－5　伙伴间冲突对治理机制与联盟成功关系的调节效应(回归系数 β)

解释变量		联盟成功					
		M11	M12	M13	M14	M15	M16
控制变量	企业年龄	0.010	0.045	0.036	−0.037	0.022	0.014
	企业规模	0.022	−0.022	−0.024	0.034	−0.012	−0.015
	伙伴规模	−0.069	−0.060	−0.066	-0.074^{+}	-0.071^{+}	-0.074^{+}
	联盟结构	0.040	0.015	0.013	0.079^{+}	0.032	0.017
	联盟年龄	0.037	0.034	0.034	0.003	0.010	0.001
	联盟范围	0.101^{*}	0.116^{*}	0.108^{**}	0.126^{**}	0.134^{***}	0.122^{**}
	联盟经验	-0.092^{*}	−0.063	−0.057	-0.138^{**}	-0.073^{+}	-0.066^{+}
	联盟组合	0.000	0.001	0.004	0.048	0.022	0.030
自变量	契约治理	0.219^{***}		0.112^{***}	0.415^{***}		0.147^{***}
	关系治理		0.502^{***}	0.470^{***}		0.589^{***}	0.532^{***}
调节变量	建设性冲突	0.429^{***}	0.178^{**}	0.151^{**}			
	破坏性冲突				-0.266^{***}	-0.170^{***}	-0.196^{***}
交互项	契约治理×建设性冲突	0.004		0.050			
	关系治理×建设性冲突		−0.021	−0.043			
	契约治理×破坏性冲突				0.230^{***}		0.122^{***}
	关系治理×破坏性冲突					0.142^{***}	0.088^{**}
R^2		0.407	0.476	0.487	0.367	0.500	0.521
Adjusted R^2		0.381	0.462	0.462	0.320	0.477	0.486
F value		15.819^{***}	32.891^{***}	19.466^{***}	7.876^{***}	21.742^{***}	14.828^{***}

注：$^{+}$表示 $p < 0.1$；*表示 $p < 0.05$；**表示 $p < 0.01$；***表示 $p < 0.001$；$n = 410$。

5.3 治理机制、公平识别与联盟成功关系检验

5.3.1 治理机制与公平识别关系检验

表 5-6 中 M17～M20 检验了治理机制对公平识别的影响。M17 表明契约治理对程序公平具有显著的正向影响($\beta = 0.559, p < 0.001$)，假设 4a 获得支持；M19 表明契约治理对分配公平具有显著的正向影响($\beta = 0.703, p < 0.001$)，假设 4b 获得支持；对比 M17 与 M19 中契约治理的标准化系数可以看出，契约治理对分配公平的正向影响更大，假设 4c 获得支持。M18 表明关系治理对程序公平具有显著的正向影响($\beta = 0.631, p < 0.001$)，假设 5a 获得支持；M20 表明关系治理对分配公平具有显著的正向影响($\beta = 0.596, p < 0.001$)，假设 5b 获得支持；对比 M18 与 M20 中关系治理的标准化系数可以看出，关系治理对程序公平的正向影响更大，假设 5c 获得支持。

表 5-6 中介效应检验结果(回归系数 β)

解释变量		程序公平		分配公平		联盟成功	
		M17	M18	M19	M20	M21	M22
控制变量	企业年龄	-0.101^{*}	-0.066	-0.007	-0.084^{+}	0.020	0.061
	企业规模	0.045	0.018	0.011	0.149^{**}	-0.044	-0.029
	伙伴规模	0.016	0.007	-0.100^{**}	-0.067	-0.024	-0.063
	联盟结构	-0.014	-0.080^{*}	0.020	-0.058	0.086^{*}	0.039
	联盟年龄	0.060	0.052	0.007	0.023	0.030	0.021
	联盟范围	0.067	0.094^{*}	0.068^{+}	0.138^{***}	0.076	0.103^{**}
	联盟经验	-0.107^{**}	-0.049	-0.072^{*}	-0.019	-0.087^{*}	-0.052
	联盟组合	0.036	0.035	0.060	0.019	0.009	-0.003
自变量	契约治理	0.559^{***}		0.703^{***}		0.196^{***}	
	关系治理		0.631^{***}		0.596^{***}		0.466^{***}
中介变量	程序公平						0.264^{***}
	分配公平					0.498^{***}	
R^2		0.398	0.455	0.521	0.444	0.447	0.500
Adjusted R^2		0.368	0.443	0.499	0.431	0.411	0.488
F value		13.545^{***}	37.139^{***}	23.613^{***}	35.465^{***}	12.403^{***}	39.945^{***}

注：$^{+}$ 表示 $p < 0.1$；* 表示 $p < 0.05$；** 表示 $p < 0.01$；*** 表示 $p < 0.001$；$n = 410$。

5.3.2 公平识别与联盟成功关系检验

表 5 - 7 检验了公平识别对联盟成功的影响。M23 在 M1 的基础上加入了程序公平，表明程序公平对联盟成功具有显著的正向影响($\beta = 0.575, p < 0.001$)，假设 6a 获得支持；M24 在 M1 的基础上加入了分配公平，表明分配公平对联盟成功具有显著的正向影响($\beta = 0.557, p < 0.001$)，假设 6b 获得支持；M25 同时加入了程序公平与分配公平，表明程序公平($\beta = 0.368, p < 0.001$)比分配公平($\beta = 0.296, p < 0.001$)对联盟成功的影响更大，假设 6c 获得支持。

表 5 - 7 公平识别对联盟成功的影响(回归系数 β)

解释变量		联盟成功		
		M23	M24	M25
控制变量	企业年龄	0.012	0.045	0.039
	企业规模	0.018	−0.048	−0.029
	伙伴规模	−0.059	−0.013	−0.035
	联盟结构	0.096*	0.102	0.100*
	联盟年龄	0.015	0.013	0.016
	联盟范围	0.109**	0.094	0.087*
	联盟经验	−0.087*	−0.112	−0.080*
	联盟组合	0.004	0.003	−0.003
中介变量	程序公平	0.575***		0.368***
	分配公平		0.557***	0.296***
R^2		0.416	0.389	0.452
Adjusted R^2		0.389	0.375	0.426
ΔR^2		0.295	0.268	
F value		15.444***	28.253***	17.883***

注：+ 表示 $p < 0.1$；* 表示 $p < 0.05$；** 表示 $p < 0.01$；*** 表示 $p < 0.001$；$n = 410$。

5.3.3 公平识别的中介作用检验

根据三步回归检验中介效应的方法(Baron et al.,1986)，M2、M19 与 M21 共同检验了分配公平对契约治理与联盟成功关系的中介效应。首先，表 5 - 6 中 M19 的结果表明契约治理显著促进分配公平($\beta = 0.703, p < 0.001$)，然后对比表5 - 3 中 M2 契约治理的标准化系数($\beta = 0.427, p < 0.001$)与表 5 - 6 中 M21 契约治理的系数($\beta = 0.196, p < 0.001$)，在表 5 - 6 全模型 M21 中契约治理的系数减小但依然显著，因此分配公平在契约治理与联盟成功之间起着显著的部分中介作用，假设 7a 获得支持。

同样，M3、M18与M22检验了程序公平在关系治理与联盟成功关系的中介效应。首先，表5-6中M18结果表明关系治理显著促进程序公平($\beta = 0.631, p < 0.001$)，对比表5-3中M3关系治理的标准化系数($\beta = 0.621, p < 0.001$)与表5-6中M22关系治理的标准化系数($\beta = 0.466, p < 0.001$)，可以看出在表5-6全模型M22中关系治理的系数减小了，但仍然正向显著，因此程序公平在关系治理与联盟成功之间起着显著的部分中介作用，假设7b获得支持。

5.4 有调节的中介效应检验

5.4.1 不确定性对公平识别与联盟成功关系的调节效应检验

表5-8检验了不确定性对公平识别与联盟成功关系的影响。M26表明环境不确定性对程序公平与联盟成功的关系没有显著的调节效应($\beta = -0.062, p > 0.1$)，M27表明环境不确定性对分配公平与联盟成功的关系没有显著的调节效应($\beta = -0.019, p > 0.1$)，M28同时加入了前面两个调节项，表明环境不确定性对两类公平识别与联盟成功的关系均没有显著的调节效应($\beta = -0.092, p > 0.1$；$\beta = 0.053, p > 0.1$)，因此假设8a没有获得支持。

表5-8中M29表明伙伴行为不确定性对程序公平与联盟成功的关系具有显著的正向调节效应($\beta = 0.121, p < 0.001$)，M30表明伙伴行为不确定性对分配公平与联盟成功的关系具有显著的正向调节效应($\beta = 0.158, p < 0.001$)，M31同时加入了前面两个调节项，表明伙伴行为不确定性对分配公平与联盟成功的正向调节效应更大，即当伙伴行为不确定性程度更高时，联盟企业会更加依赖于分配公平($\beta = 0.263, p < 0.001$)而非程序公平($\beta = -0.177, p < 0.001$)以实现联盟成功，假设8b获得支持。

表5-8 不确定性对公平识别与联盟成功关系的调节效应(回归系数 β)

解释变量		联盟成功					
		M26	M27	M28	M29	M30	M31
控制变量	企业年龄	0.020	0.034	0.044	0.017	0.017	0.022
	企业规模	0.024	−0.039	−0.024	0.030	−0.037	−0.032
	伙伴规模	−0.064	−0.017	−0.035	−0.053	−0.014	−0.034
	联盟结构	0.096*	0.096*	0.094*	0.109**	0.119**	0.114**
	联盟年龄	−0.005	0.010	0.001	0.000	0.013	0.014
	联盟范围	0.111**	0.091*	0.084*	0.108**	0.096*	0.092*
	联盟经验	−0.092*	−0.103*	−0.082*	−0.088*	−0.107**	−0.096*
	联盟组合	0.003	0.001	0.000	0.001	0.012	0.015

续表

解释变量		联盟成功					
		M26	M27	M28	M29	M30	M31
中介变量	程序公平	0.543***		0.320***	0.505***		0.334***
	分配公平		0.549***	0.316***		0.525***	0.277***
调节变量	环境不确定性	0.073+	0.084*	0.068+			
	伙伴行为不确定性				−0.081*	−0.081*	−0.042
交互项	程序公平×环境不确定性	−0.062		−0.092			
	分配公平×环境不确定性		−0.019	0.053			
	程序公平×伙伴行为不确定性				0.121***		−0.177***
	分配公平×伙伴行为不确定性					0.158***	0.263***
R^2		0.394	0.395	0.439	0.404	0.416	0.468
Adjusted R^2		0.377	0.378	0.420	0.375	0.389	0.426
F value		23.475***	23.642***	23.801***	13.911***	15.489***	11.118***

注：+ 表示 $p<0.1$；* 表示 $p<0.05$；*** 表示 $p<0.01$；*** 表示 $p<0.001$；$n=410$。

5.4.2 伙伴间冲突对公平识别与联盟成功关系的调节效应检验

表 5-9 检验了联盟冲突对公平识别与联盟成功关系的影响。M32 表明建设性冲突对程序公平与联盟成功的关系具有显著的正向调节效应（$\beta=0.078, p<0.01$），M33 表明建设性冲突对分配公平与联盟成功的关系具有显著的负向调节效应（$\beta=-0.068, p<0.05$），M34 同时加入了前面两个调节项，表明建设性冲突对程序公平与联盟成功的关系具有更强的正向调节效应，即当伙伴间建设性冲突程度更高时，联盟企业会更加依赖于程序公平（$\beta=0.295, p<0.001$）而非分配公平（$\beta=-0.276, p<0.001$）以实现联盟成功，假设 9a 获得支持。

表 5-9 中 M35 表明破坏性冲突对程序公平与联盟成功的关系没有显著的调节效应（$\beta=0.018, p>0.1$），M36 表明破坏性冲突对分配公平与联盟成功的关系具有显著的正向调节效应（$\beta=0.133, p<0.001$），M37 同时加入了前面两个

调节项，表明破坏性冲突对分配公平与联盟成功的正向调节效应更大，即当伙伴间破坏性冲突程度更高时，联盟企业会更加依赖于分配公平（$\beta = 0.137, p < 0.001$）而非程序公平（$\beta = -0.041, p > 0.1$）以实现联盟成功，假设 9b 获得支持。

表 5-9　伙伴间冲突对公平识别与联盟成功关系的调节效应（回归系数 β）

解释变量		联盟成功					
		M32	M33	M34	M35	M36	M37
控制变量	企业年龄	0.037	0.051	0.043	0.024	0.024	0.038
	企业规模	0.009	−0.044	−0.030	0.017	−0.035	−0.026
	伙伴规模	−0.058	−0.029	−0.052	−0.063	−0.024	−0.042
	联盟结构	0.070^{+}	0.069^{+}	0.067^{+}	0.109^{**}	0.116^{**}	0.113^{**}
	联盟年龄	0.015	0.018	0.004	−0.003	0.010	0.004
	联盟范围	0.097^{*}	0.081^{*}	0.062	0.123^{**}	0.111^{**}	0.102^{*}
	联盟经验	-0.073^{+}	-0.082^{*}	-0.081^{*}	-0.093^{*}	-0.104^{*}	-0.085^{*}
	联盟组合	−0.008	−0.002	−0.006	0.001	0.011	0.004
中介变量	程序公平	0.352^{***}		0.194^{**}	0.519^{***}		0.288^{***}
	分配公平		0.372^{***}	0.271^{***}		0.512^{***}	0.308^{***}
调节变量	建设性冲突	0.314^{***}	0.316^{***}	0.257^{***}			
	破坏性冲突				-0.123^{**}	-0.165^{***}	-0.137^{**}
交互项	程序公平×建设性冲突	0.078^{**}		0.295^{***}			
	分配公平×建设性冲突		-0.068^{*}	-0.276^{***}			
	程序公平×破坏性冲突				0.018		−0.041
	分配公平×破坏性冲突					0.133^{***}	0.137^{***}
R^2		0.447	0.457	0.508	0.400	0.419	0.454
Adjusted R^2		0.427	0.439	0.470	0.383	0.393	0.423
F value		22.774^{***}	25.650^{***}	13.504^{***}	24.088^{***}	15.686^{***}	14.608^{***}

注：$^{+}$表示 $p < 0.1$；*表示 $p < 0.05$；**表示 $p < 0.01$；***表示 $p < 0.001$；$n = 410$。

5.4.3 有调节的中介效应检验

遗憾的是，由于上述检验假设8a未得到统计结果的支持，即"当环境不确定性程度更高时，联盟企业会更加依赖于程序公平而非分配公平以实现联盟成功"这一假设并未通过，这直接造成了假设10a"当环境不确定性程度更高时，程序公平在关系治理与联盟成功间所起的中介作用更强"的不通过。因而，本书需要检验的有调节的中介效应包括假设10b"当伙伴行为不确定性程度更高时，分配公平在契约治理与联盟成功间所起的中介作用更强"、假设11a"当伙伴间建设性冲突的程度更高时，程序公平在关系治理与联盟成功间所起的中介作用更强"和假设11b"当伙伴间破坏性冲突的程度更高时，分配公平在契约治理与联盟成功间所起的中介作用更强"。

由于有调节的中介效应检验不是对直接效应的调节作用进行检验，因而传统的调节效应检验方法不适用于有调节的中介效应的检验。本书主要采用Preacher等(2007)推荐的两种方法对有调节的中介效应进行检验：①正态理论检验(normal-theory test)，即通过检验间接效应在不同水平调节变量的影响下(包括均值以及均值加/减一个标准差)是否显著来判断有调节的中介效应是否存在；②Bootstrap(拔靴)算法，即通过重复抽样法计算间接效应的置信区间，如果该区间包括零，则表明有调节的中介效应不存在。本书同时使用这两种方法来检验有调节的中介效应假设，检验结果如表5-10、表5-11和表5-12所示。

表5-10描述了假设10b的统计检验结果，低度、中度和高度伙伴行为不确定性情形下的95%置信区间均不包括零，证明了该调节中介作用的存在。尤其是当处于高度伙伴行为不确定性时，调节中介效应的95%置信区间最宽，说明该调节中介作用最强，支持了假设10b。

表5-10 伙伴行为不确定性对中介模型的调节效应

调节变量值 (伙伴行为不确定性)	中介变量：分配公平 $[a_1(b_1+b_3V)]$	因变量：联盟成功 (95% CI)
$M-1SD$	0.668***	[0.120,0.244]
M	0.796***	[0.150,0.278]
$M+1SD$	0.925***	[0.145,0.326]

注：1. Bootstrapping重复抽样次数为2000；95% CI为误差修正后的置信区间。

2. M代表均值，$M-1SD$代表均值减去一个标准差，$M+1SD$代表均值加上一个标准差。

3. + 表示 $p<0.1$，* 表示 $p<0.05$，** 表示 $p<0.01$，*** 表示 $p<0.001$。

表5-11描述了假设11a的统计结果，低度、中度和高度建设性冲突情形下的95%置信区间均不包括零，证明了该调节中介作用的存在。值得注意的是，当建设

性冲突的程度从低向高变化时，调节中介效应的95%置信区间先变窄然后又变宽，表明假设11a得到了部分支持。

表 5-11 建设性冲突对中介模型的调节效应

调节变量值（建设性冲突）	中介变量：程序公平 $[a_1(b_1+b_3V)]$	因变量：联盟成功（95% CI）
$M-1SD$	0.430**	[0.099,0.297]
M	0.478**	[0.103,0.261]
$M+1SD$	0.527**	[0.071,0.244]

注：1. Bootstrapping 重复抽样次数为2000；95% CI 为误差修正后的置信区间。

2. M 代表均值，$M-1SD$ 代表均值减去一个标准差，$M+1SD$ 代表均值加上一个标准差。

3. $^{+}$表示 $p < 0.1$，*表示 $p < 0.05$，**表示 $p < 0.01$，***表示 $p < 0.001$。

表5-12描述了假设11b的统计结果，低度、中度和高度破坏性冲突情形下的95%置信区间均不包括零，证明了该调节中介作用的存在。尤其是当伙伴间存在高度破坏性冲突时，调节中介效应的95%置信区间最宽，说明该调节中介作用最强，支持了假设11b。

表 5-12 破坏性冲突对中介模型的调节效应

调节变量值（破坏性冲突）	中介变量：分配公平 $[a_1(b_1+b_3V)]$	因变量：联盟成功（95% CI）
$M-1SD$	0.545***	[0.113,0.243]
M	0.670***	[0.141,0.270]
$M+1SD$	0.795***	[0.149,0.315]

注：1. Bootstrapping 重复抽样次数为2000；95% CI 为误差修正后的置信区间。

2. M 代表均值，$M-1SD$ 代表均值减去一个标准差，$M+1SD$ 代表均值加上一个标准差。

3. $^{+}$表示 $p < 0.1$，*表示 $p < 0.05$，**表示 $p < 0.01$，***表示 $p < 0.001$。

■ 5.5 本章小结

本章详细报告了基于410家联盟企业调查数据的实证分析结果，主要包括描述性统计、相关系数、信度与效度检验等，最后对所提出的各个假设进行了统计检验。本书提出的各个假设的实证检验结果如表5-13所示。

表 5-13　假设关系验证结果

假设	验证结论
假设 1a:契约治理与联盟成功正相关	支持
假设 1b:关系治理与联盟成功正相关	支持
假设 1c:关系治理比契约治理对联盟成功的正向作用更大	支持
假设 2a:当环境不确定性程度较高时,联盟企业会更加倾向于依赖关系治理而非契约治理以实现联盟成功	支持
假设 2b:当伙伴行为不确定性程度较高时,联盟企业会更加倾向于依赖契约治理而非关系治理以实现联盟成功	支持
假设 3a:当伙伴间建设性冲突程度较高时,联盟企业会更加倾向于依赖关系治理而非契约治理以实现联盟成功	不支持
假设 3b:当伙伴间破坏性冲突程度较高时,联盟企业会更加倾向于依赖契约治理而非关系治理以实现联盟成功	支持
假设 4a:契约治理与程序公平正相关	支持
假设 4b:契约治理与分配公平正相关	支持
假设 4c:相较于程序公平,契约治理对分配公平的正向作用更大	支持
假设 5a:关系治理与程序公平正相关	支持
假设 5b:关系治理与分配公平正相关	支持
假设 5c:关系治理对程序公平的正向作用比对分配公平的正向作用更大	支持
假设 6a:程序公平与联盟成功正相关	支持
假设 6b:分配公平与联盟成功正相关	支持
假设 6c:相较于分配公平,程序公平对联盟成功的正向作用更大	支持
假设 7a:契约治理通过分配公平的中介作用对联盟成功产生正向影响	支持
假设 7b:关系治理通过程序公平的中介作用对联盟成功产生正向影响	支持
假设 8a:当环境不确定性程度更高时,联盟企业会更加依赖于程序公平而非分配公平以实现联盟成功	不支持
假设 8b:当伙伴行为不确定性程度更高时,联盟企业会更加依赖于分配公平而非程序公平以实现联盟成功	支持
假设 9a:当伙伴间建设性冲突程度更高时,联盟企业会更加依赖于程序公平而非分配公平以实现联盟成功	支持
假设 9b:当伙伴间破坏性冲突程度更高时,联盟企业会更加依赖于分配公平而非程序公平以实现联盟成功	支持

续表

假设	验证结论
假设 10a:当环境不确定性程度更高时,程序公平在关系治理与联盟成功间所起的中介作用更强	不支持
假设 10b:当伙伴行为不确定性程度更高时,分配公平在契约治理与联盟成功间所起的中介作用更强	支持
假设 11a:当伙伴间建设性冲突的程度更高时,程序公平在关系治理与联盟成功间所起的中介作用更强	部分支持
假设 11b:当伙伴间破坏性冲突的程度更高时,分配公平在契约治理与联盟成功间所起的中介作用更强	支持

» 第 6 章 研究发现与结果讨论

在战略联盟研究领域，如何提高联盟成功率是学术界和企业界均十分关注的重要研究问题。为此，学者们提出能否选择恰当的治理机制是联盟成功与否的关键。早先，学者们关注不同治理机制之间是互补还是替代关系的研究。在此基础上，近年来，学者们试图探究治理机制对联盟成功的直接效应，但已有研究并未能深入两者之间的关系“黑箱”，以致现有研究尚未厘清治理机制影响联盟成功的内在机理。为此，本书立足于中国情境，提出三类关键研究问题：在契约治理和关系治理之间，何种治理机制更有利于促进联盟成功？公平识别在治理机制和联盟成功的关系中是否发挥了中介传导效应？治理机制、公平识别和联盟成功间的关系链条是否会受到其他因素诸如不确定性和伙伴间冲突的影响？

针对上述关键研究问题，本书整合了交易成本理论、关系交换理论和公平理论等多重视角，构建了治理机制通过公平识别的中介效应影响联盟成功的研究框架，并进一步探讨了不确定性（环境不确定和伙伴行为不确定性）和伙伴间冲突（破坏性冲突和建设性冲突）对上述直接效应和中介效应的作用机理（包括调节效应和有调节的中介效应）。基于国内 410 家联盟企业的大样本调研数据的实证分析结果表明，本书的理论框架从总体上得到了统计支持，所提出的研究假设也基本上获得了统计支持。下文将在前述假设提出和实证检验结果的基础上，对各个假设获得验证或未获得验证的统计结果进行深入讨论。

■ 6.1 治理机制对联盟成功影响的比较效应

假设 1a 至假设 1c 分别探讨了两类治理机制即契约治理和关系治理对联盟成功的直接效应以及比较效应，以回答“何种治理机制更有利于促进联盟成功”这一问题。从表 5-3 的回归分析结果看，这三个假设都得到了统计结果的支持，表明联盟企业在追求积极的联盟结果（联盟成功）时，恰当治理机制的选择是基础。

6.1.1 治理机制对联盟成功的直接影响效应

表 5-3 的研究结果表明，契约治理与联盟成功间的影响系数正向显著（$\beta =$

0.427，$p < 0.001$），关系治理与联盟成功间的影响系数正向显著（$\beta = 0.621$，$p < 0.001$），即两类治理机制均有利于联盟成功（参见假设 1a、假设 1b）。事实上，在已有研究中，虽然有少数学者指出治理机制对于联盟成功的阻碍作用（Mcevily et al.，2003；杨震宁 等，2022），但是绝大多数学者认为选择恰当的治理机制对联盟目标的实现具有促进作用（Huang et al.，2014；Jiang et al.，2017；Krishnan et al.，2006；Poppo et al.，2008a）。他们认为，以信任为基础的关系治理可以降低联盟合作中的交易成本，相互之间建立的关系规范将会引导联盟伙伴间的合作行为，促进合作中的问题解决，这些都会提升联盟绩效，促进联盟成功（Chiles et al.，1996；Roy et al.，2004；Zaheer et al.，1998）；而以强制性契约条款为基础的契约治理能够有效规避伙伴机会主义行为，减少伙伴间交流和沟通障碍，有利于促进联盟取得成功（Carson et al.，2006；Malhotra et al.，2011；Schepker e· al.，2014；Vlaar et al.，2007）。因而，假设 1a 和假设 1b 的通过表明本书与绝大多数研究具有一致的结论。

6.1.2 两类治理机制对联盟成功影响的比较效应

表 5-3 的统计结果还表明，在比较分析中，契约治理与联盟成功正相关（$\beta = 0.133$，$p < 0.001$），关系治理与联盟成功正相关（$\beta = 0.571$，$p < 0.001$），即在控制了其他变量后，契约治理增加一个标准差，联盟成功提高 0.133 个单位，而关系治理增加一个标准差，联盟成功将提高 0.571 个单位。这表明两类治理机制对联盟成功的影响效应是存在差异的，且关系治理比契约治理对联盟成功的正向作用更大（参见假设 1c），这在一定程度上回应了学者们为何对战略联盟中关系治理机制的使用更加重视这一问题（Dyer et al.，1998；Uzzi，1997；Zhou et al.，2012；张闯等，2014）。例如，Larson（1992）指出，由于交易发生在社会结构之中，社会关系的存在使得契约治理变得并不重要，即非正式的社会控制也就是关系治理将契约治理推向了后台。基于此，本书提出的契约治理与关系治理间的比较效应（参见假设 1c）通过实证支持是对先前研究更进一步的补充和发展。

■ 6.2 不确定性和伙伴间冲突的直接调节效应

假设 2a/2b 和假设 3a/3b 分别探讨了两类不确定性（环境不确定性和伙伴行为不确定性）以及两类冲突（建设性冲突和破坏性冲突）对治理机制与联盟成功关系的直接调节效应，以回答“何种情境下何种治理机制更有利于促进联盟成功”这一问题。从表 5-4 和表 5-5 的回归分析结果看，除假设 3a 外的其余三个假设都得到了统计结果的支持，从而分别揭示了两类不确定性和两类冲突对治理机制与联盟成功关系的不同调节作用。下面具体讨论相关研究结果。

6.2.1 不确定性的直接调节效应

表 5-4 的统计结果表明，当环境不确定性的程度由低变高时，契约治理与联盟成功的影响系数负向显著($\beta=-0.156$，$p<0.001$)，表明环境不确定性对契约治理与联盟成功的关系具有显著的负向调节效应，而关系治理与联盟成功之间的影响系数正向显著($\beta=0.213$，$p<0.001$)，表明环境不确定性对关系治理与联盟成功具有显著正向调节效应。这些结论意味着当联盟外部环境不确定性程度变高时，联盟企业会更加依赖于关系治理而非契约治理以实现联盟成功，假设 2a 得到支持。这一研究结论同时表明，在高度不确定性的环境条件下，企业应当采用关系治理来管理联盟的运行并协调联盟成员间的关系，如企业过于强调契约治理将会给联盟结果带来负面影响。这与 Heide 和 John(1992)以及 Jiang 等(2017)的观点一致。这些学者认为，高度环境不确定性意味着联盟双方要适应多变和无法预知的外部环境，增加联盟双方的沟通成本和运营成本，需要进行联盟变革以适应外部环境的变化。而关系治理正是能够通过其灵活的沟通方式和柔性的关系发展来减少这种沟通与运营成本，因此，能够有效地促使联盟在高度不确定的环境下获取更大的成功。相反，契约治理需要第三方中介的协调，并不断地被动应对高度不确定的外部环境变化，造成联盟合作效率低下，不利于联盟目标的实现。

表 5-4 的统计结果还表明，当伙伴行为不确定性的程度由低变高时，契约治理与联盟成功的影响系数正向显著($\beta=0.183$，$p<0.001$)，表明随着伙伴行为不确定性程度的增高，契约治理对联盟成功的正向影响将增强；而关系治理与联盟成功之间影响系数不显著($\beta=-0.067$，$p>0.1$)，由此可见，当伙伴行为存在高度不确定性时，关系治理对联盟成功不具有显著的影响。这意味着，当联盟伙伴的行为不确定程度更高时，联盟企业选择契约治理比依赖关系治理更容易实现联盟成功。这一研究结论支撑了假设 2b，即联盟企业更加依赖于契约治理而非关系治理以实现联盟成功。这一研究结论不同于现有学者 Niesten 和 Jolink(2017)的研究结论，他们认为当伙伴行为不确定性很高时，企业会更依赖联盟经验而非正式管控以降低机会主义带来的交易成本提升，由此促进联盟成功。其原因在于，当伙伴行为变得难以预测且难以监控时，联盟成员之间的公开度和透明度降低，成员之间可能存在夸大能力或者逃避责任的机会主义行为，这使得联盟的监督和控制成本增加，难以建立信任，从而关系治理无法有效实施，不利于联盟取得成功；而此时必须由第三方机构介入，强制性地按照契约规定开展联盟活动，这样才能建立起联盟秩序，确保联盟运行的稳定性。因此，当伙伴行为存在高度不确定性时，联盟企业更加依赖于契约治理而非关系治理以实现联盟成功。

6.2.2 伙伴间冲突的直接调节效应

根据表 5-5 的统计结果，当伙伴间建设性冲突程度更高时，契约治理与联盟成功之间的影响系数不显著($\beta = 0.050, p > 0.1$)，这表明建设性冲突对契约治理与联盟成功关系没有显著的调节效应；当伙伴间建设性冲突程度更高时，关系治理与联盟成功之间的影响系数也不显著($\beta = -0.043, p > 0.1$)，这表明建设性冲突对关系治理与联盟成功关系没有显著的调节效应，假设 3a 没有得到支持，即当伙伴间建设性冲突程度从低变高时，联盟成功对契约治理和关系治理的依赖度没有显著差异。

与此同时，当伙伴间破坏性冲突程度更高时，表 5-5 的统计结果表明，破坏性冲突对契约治理与联盟成功关系具有显著的正向调节效应($\beta = 0.122, p < 0.001$)，同时，破坏性冲突对关系治理与联盟成功的关系也具有显著的正向调节效应($\beta = 0.088, p < 0.001$)，比较两者的系数差异，当伙伴间破坏性冲突程度更高时，联盟企业会更加依赖于契约治理($\beta = 0.122, p < 0.001$)而非关系治理($\beta = 0.088, p < 0.001$)以实现联盟成功，假设 3b 得到了支持。在伙伴间冲突程度较高的情况下，成员之间倾向于指责对方，或者相互之间筑立起一道“石头墙”(stone wall)，拒绝倾听对方不一致的意见(Scott et al.，2011)，这使得关系治理会因其松散且多变的治理结构，需要投入更多的精力去管理冲突、协调伙伴间的沟通，时间周期较长，会产生额外的交易成本(Williamson，1991)，这在一定程度上增加了联盟的负担，最终影响联盟目标的实现。而契约治理在高度冲突的环境中能够依赖第三方契约效力进行沟通和解决问题(Saussier et al.，2002；吴德胜 等，2010)，更能够快速地调整联盟双方的合作关系与合作方式，强化联盟的稳定性(Li et al.，2011)，因此，在这两类冲突均较高的情境下，即当伙伴间建设性冲突和伙伴间破坏性冲突均较高时，联盟企业将更加依赖于契约治理而非关系治理以实现联盟成功。

6.3 公平识别在治理机制与联盟成功间的中介作用

假设 4a～4c、5a～5c、6a～6c 分别探讨了契约治理对程序公平和分配公平、关系治理对程序公平和分配公平以及两类公平对联盟成功的直接与比较效应，在此基础上，假设 7a 和 7b 分别提出了契约治理通过分配公平的中介作用对联盟成功产生正向影响、关系治理通过程序公平的中介作用对联盟成功产生正向影响的选择性中介作用，以回答“公平识别在治理机制和联盟成功的关系中是否发挥了中介传导效应”这一研究问题。从表 5-6 和表 5-7 的回归分析结果看，这些假设都得到了统计结果的支持。

6.3.1 治理机制对公平识别的直接影响效应

表 5-6 的统计结果表明，关系治理与程序公平间的影响系数正向显著($\beta = 0.631, p < 0.001$)，关系治理与分配公平间的影响系数正向显著($\beta = 0.596, p <$

0.001)，也就是说关系治理对程序公平的正向影响强于对分配公平的正向影响，即关系治理机制的采用更能够促进程序公平（见假设5a、假设5b、假设5c和假设7b），这与Zhou等(2008)、Poppo和Zenger(2002)以及Dyer和Chu(2000)的研究观点具有内涵上的一致性。其中，Zhou等(2008)认为，关系治理有利于减轻联盟合作过程中双方的不适感和其他合作问题，促进联盟双方制定合适的程序以实现程序公平。Poppo和Zenger(2002)认为，关系治理的主要维度包括相互信任和相互尊重，有助于提升伙伴间的交流、决策设计和问题解决，因而有利于程序公平的建立。Dyer和Chu(2000)指出，关系治理有利于联盟成员掌握合作伙伴的准确信息，从而促进程序公平感知。本书的研究结论和上述研究结果均揭示了非正式的关系治理机制对建立伙伴间程序公平的重要性。

相对于先前研究，本书进一步揭示了契约治理对不同类型公平识别的差异性影响，在表5-6的统计结果显示中，契约治理与程序公平间影响系数正向显著($\beta = 0.559, p < 0.001$)，契约治理与分配公平间影响系数正向显著($\beta = 0.703$, $p < 0.001$)，即相对于程序公平而言，契约治理对分配公平的促进作用更大（参见假设4c）。本质上，分配公平旨在解答联盟最终回报的公平程度问题，强调合作双方对联盟的资源投入、知识投入以及合作承诺等是否和取得的回报相匹配，具有强制性特征(Leung et al.,2001)；而程序公平寻求联盟过程是否友好，强调按照双方的意见来设计程序、协调解决问题的机制等，因而具有相对较低的强制性特征(David et al.,2004;Luo,2005)。本书一方面从理论上和实证上区分了程序公平和分配公平两种公平识别的存在方式，表明程序公平和分配公平是可以明确区分开来的，为今后对联盟公平的进一步研究奠定了基础；另一方面，本书的研究结论也说明在建立不同类型的联盟公平识别过程中可以选择差异化的治理机制类型，即关系治理更有利于建立程序公平，而契约治理更有利于建立分配公平这一研究结论不仅打开了联盟公平研究的新思路，还在一定程度上肯定了Luo等(2015)学者将二元公平模型运用于联盟过程的必要性。

6.3.2 公平识别对联盟成功的直接影响效应

表5-7的统计结果表明，两类公平识别（程序公平和分配公平）均有利于联盟成功（参见假设6a和假设6b）。这表明，联盟伙伴高度的公平感知为最大化联盟价值创造了基础，同样会对联盟成功产生促进作用，这与Im和Rai(2009)以及Jiang等(2015)具有一致的观点。

此外，表5-7还表明，程序公平与联盟成功间影响系数正向显著($\beta = 0.368$, $p < 0.001$)，分配公平与联盟成功间影响系数正向显著($\beta = 0.296, p < 0.001$)，假设6c得到支持，也就是说，相较于分配公平而言，程序公平对联盟成功的正向作用更大，这一研究回应了学者Afari和Elanain(2014)、Beugre和Baron(2001)以及

Luo(2007;2008)关于程序公平对联盟绩效的正向影响的研究,同时在一定程度上支持了 Luo(2007)对二元公平之间比较效应进行探究的必要性,从而更好地为战略联盟中的公平实现提供理论上的参考依据。

6.3.3 公平识别的中介效应

综合表 5-6 和表 5-7 的统计结果,公平识别在治理机制和联盟成功的关系间起着中介作用。但这种中介效应是具有选择性的,即程序公平在关系治理和联盟成功的关系中起中介作用,而分配公平在契约治理和联盟成功的关系中起中介作用,这与 Jiang 等(2015)具有类似的观点,并支持了交易成本理论的基本框架:结构一行为一绩效(Williamson,1985;Williamson,1991)。换言之,治理机制通常并不直接作用于联盟成功,而是通过影响联盟公平识别行为间接作用于联盟成功,即恰当的治理机制可以增强联盟各方的公平识别,而这些联盟公平识别行为将会进一步转化为联盟的高绩效,促使联盟取得成功。

综合上述研究结论,现有关于联盟成功的研究,主要探讨了治理机制对联盟结果(如联盟成功)的直接影响和单一因素的权变影响(Cai et al.,2009;Gulati et al.,2012;江旭,2012;Liu et al.,2009;Poppo et al.,2008b),未能揭示治理机制与联盟成功间的中介传导机制,无法使联盟企业深入理解治理机制的作用路径,容易使联盟各方忽视公平识别所起的重要作用,从而导致联盟承受不必要的损失。因此,本书将在交易成本理论、关系交换理论和公平理论的融合下,揭示治理机制通过公平识别这一变量实现联盟成功的关键机制,进一步验证了公平识别对联盟绩效的关键影响。

6.4 不确定性和伙伴间冲突对中介作用的调节效应

假设 8a/8b 和假设 9a/9b 分别探讨了两类不确定性和两类冲突对公平识别与联盟成功间关系的调节作用,假设 10a/10b 和假设 11a/11b 分别探讨了不确定性和伙伴间冲突在治理机制、公平识别和联盟成功间关系的第二阶段有调节的中介效应,以回答“治理机制、公平识别和联盟成功间的关系链条是否会受到其他因素的影响”这一问题。从表 5-8 和表 5-9 的回归分析结果看,这些假设中假设 8a 和假设 10a 未获得统计结果的支持,假设 11a 获得了部分支持,其余假设都得到了统计结果的支持。

6.4.1 不确定性对公平识别与联盟成功关系的调节效应

表 5-8 的统计结果揭示了两类不确定性在公平识别与联盟成功间的不同调节作用。具体来说,表 5-8 检验了不确定性对公平识别与联盟成功关系的影响,

结果表明环境不确定性对程序公平与联盟成功的关系没有显著的调节效应($\beta = -0.092, p > 0.1$),且环境不确定性对分配公平与联盟成功的关系也没有显著的调节效应($\beta = 0.053, p > 0.1$),因此假设8a没有获得通过。当外部环境不确定程度由低变高时,联盟成功对程序公平和分配公平的依赖度不具有显著差异。这一研究结论回应了学者Krishnan等(2016)的研究发现,即在高度不确定性的环境条件下,企业依赖现有的联盟活动无法满足联盟目标实现要求,而是应当尽可能对环境进行识别并采取措施以减少环境不确定性对联盟运行的影响。

同时,当伙伴行为不确定性由低变高时,表5-8的结果表明伙伴行为不确定性对程序公平与联盟成功的关系具有显著的负向调节效应($\beta = -0.177, p < 0.001$),而伙伴行为不确定性对分配公平与联盟成功的关系具有显著的正向调节效应($\beta = 0.263, p < 0.001$),可以看出,伙伴行为不确定性对分配公平与联盟成功的调节效应更大,即当伙伴行为不确定性程度更高时,联盟企业会更加依赖于分配公平($\beta = 0.263, p < 0.001$)而非程序公平($\beta = -0.177, p < 0.001$)以实现联盟成功,假设8b获得支持。这意味着当联盟内部的伙伴行为不确定程度更高时,联盟企业选择分配公平比依赖程序公平更容易实现联盟成功,这一研究结论回应了Cremer等(2003)关于程序公平受到联盟伙伴间的行为干预以及Luo(2005)关于分配公平更容易降低伙伴间机会主义行为的研究发现,为企业选择联盟成功路径提供了理论解释。

6.4.2 伙伴间冲突对公平识别与联盟成功关系的调节效应

根据表5-9的检验结果,建设性冲突对程序公平与联盟成功的关系具有显著的正向调节效应($\beta = 0.295, p < 0.001$),而建设性冲突对分配公平与联盟成功的关系具有显著的负向调节效应($\beta = -0.276, p < 0.001$)。建设性冲突对程序公平与联盟成功的关系具有更强的调节效应,即当伙伴间建设性冲突程度更高时,联盟企业会更加依赖于程序公平($\beta = 0.295, p < 0.001$)而非分配公平($\beta = -0.276, p < 0.001$)以实现联盟成功,假设9a获得支持。

在分析破坏性冲突的调节效应时,结果表明破坏性冲突对程序公平与联盟成功的关系没有显著的调节效应($\beta = -0.041, p > 0.1$),而破坏性冲突对分配公平与联盟成功的关系具有显著的正向调节效应($\beta = 0.137, p < 0.001$),破坏性冲突对分配公平与联盟成功的正向调节效应更大,即当伙伴间破坏性冲突程度更高时,联盟企业会更加依赖于分配公平而非程序公平以实现联盟成功,假设9b获得支持。

6.4.3 不确定性与伙伴间冲突的调节中介效应

表5-10、表5-11、表5-12的统计结果分别揭示了不确定性和伙伴间冲突对

中介效应的调节效果，三组有调节的中介效应有两组得到了实证数据的支持，一组得到了实证数据的部分支持。当伙伴行为不确定性程度更高时，分配公平在契约治理与联盟成功间所起的中介作用更强，假设 10b 得到支持，表明伙伴行为不确定性正向调节分配公平的中介效应；当伙伴间破坏性冲突的程度更高时，契约治理与联盟成功中分配公平的中介作用更强，假设 11b 得到支持，表明伙伴间破坏性冲突正向调节分配公平的中介效应；假设 11a 得到部分支持，表明当伙伴间建设性冲突由低度到中度时，程序公平的中介效应减弱，当伙伴间建设性冲突由中度到高度时，程序公平的中介效应增强。

综合上述研究结果表明：①对于不同类型和程度的调节变量，治理机制、公平识别和联盟成功间的关系可能会不同；②对于同一调节变量，公平识别的中介效应强度取决于调节变量水平的高低，这呼应了 Brown 等(2006)和 Heide 等(2014)学者的观点；③当伙伴间建设性冲突由低到高变化时，其对程序公平在关系治理与联盟成功间的中介效应具有非线性的调节作用。

»第7章 研究结论与展望

■ 7.1 主要研究结论

本书以提升战略联盟成功率为主要研究目标，基于交易成本理论、关系交换理论并借鉴了组织公平理论的研究视角，构建了治理机制通过公平识别影响联盟成功的理论模型，并探讨了不确定性和伙伴间冲突等关键权变因素对上述关系的直接和间接调节效应。从上文可知，根据对国内410家联盟企业的双份调研数据进行的实证研究结果，本书的理论模型从总体上获得了统计数据的支持，绝大多数假设获得了通过，得出了一些有价值的研究结论，具体如下。

(1)在对联盟成功的影响上，契约治理和关系治理这两类治理机制存在相对效应。以往研究对契约治理和关系治理到底存在何种关系依然存在分歧，且大多数学者的结论离不开“替代”“互补”以及“并存(既存在替代又存在互补)”的观点(Bstieler et al.,2015;Cao et al.,2015;Malhotra et al.,2011)，忽视了从联盟企业的角度探究契约治理和关系治理的比较效应，而探讨这种比较效应对联盟企业选择恰当的治理机制从而实现联盟目标具有重要的指导意义。先前文献对不同治理机制在治理联盟中的应用效应进行了大量研究，得出了许多不一致的研究结论。例如，有学者指出契约治理和关系治理应该单独使用，这样才能带来“积极”的效应(Bstieler et al.,2015;Sundaramurthy et al.,2003)；还有学者认为，关系治理和契约治理都具有不足的一面，即关系治理可能会带来欺骗和诡计行为，契约治理不利于联盟成员之间的交流与知识转移(Cao et al.,2015;Huber et al.,2013;Poppo et al.,2002)，因此，二者应当相互补充，即企业应同时使用这两种治理机制以更好地促进联盟运行。至此，学术界对治理机制的使用产生了“替代”与“互补”两种对立的观点。然而，学者们并没有停留在这两种具有争议的观点上，一些学者还给出了第三种新的关系可能，即契约治理与关系治理之间既存在替代又存在互补的“并存”关系(Cao et al.,2015;Huber et al.,2013;Jiang et al.,2013)，这进一步加剧了我们对不同治理机制之间关系的认识偏差。与先前研究的这些观点不同，本书在已有研究的基础上，对契约治理和关系治理的关系进行了一种全新的阐释，通过探讨两类治理机制对联盟成功的比较效应及其差异性影响，很好地解释了选择何种治理机制更有利于实现联盟成功这一关键现实问题，在一定程度上弥补了已有联盟治理机制研究的不足。

(2)治理机制对联盟成功的作用受到不确定性和伙伴间冲突的差异化影响。本书将不确定性区分为环境不确定性和伙伴行为不确定性，然后发现两类不确定性对于治理机制与联盟成功的关系具有不同的影响。其中，①当伙伴行为不确定性更高时，相比较关系治理，联盟企业会更加依赖于契约治理以实现联盟成功。这意味着联盟企业在伙伴行为存在高度不确定的环境下，选择契约治理更加有利于联盟成功，而选择关系治理对联盟成功的效应减弱。②当环境不确定性高时，联盟企业更加依赖于关系治理以实现联盟成功。这意味着当外部环境的干扰因素越来越多以及程度越来越高时，联盟企业对关系治理的依赖程度也越来越高。

本书还发现，将冲突划分为建设性冲突和破坏性冲突后，这两类冲突对不同治理机制(契约治理和关系治理)与联盟成功间关系的调节效应与作用机理一致。不论是在建设性冲突水平高时还是在破坏性冲突水平高时，联盟企业都将依赖于契约治理而非关系治理以实现联盟成功。这意味着冲突程度越高，选择关系治理将越不利于联盟成功，而契约治理将能够发挥更大作用，此时关系治理与契约治理呈现替代效应。这一研究结论在某种程度上回应了先前研究有关两类治理机制之间的“替代”“互补”之争。综合而言，本书不仅回答了“何种机制更有利于实现联盟成功”的问题，还进一步阐述并回答了“在何种情境下何种机制更有利于实现联盟成功”的问题，对现有相关研究进行了丰富和补充，并提供了较为全面的理论解释和实证证据。

(3)联盟公平识别在打开治理机制与联盟成功的关系“黑箱”中具有重要作用。前文已经提及，在早期的联盟治理机制研究中，特别是在一些经典的联盟文献中，均集中于探讨不同治理机制本身之间的关系，并将注意力主要放在治理机制对联盟过程或联盟结果的直接影响效应上，而对治理机制与联盟结果间是否存在其他因素的间接效应关注不足，以致两者间的关系“黑箱”还没有被完全打开，治理机制对联盟成功影响的深层次机理也还没有真正厘清，而这将成为本书的关注重点。借助公平理论的视角，本书通过构建中介效应模型发现，公平识别(程序公平和分配公平)在治理机制(契约治理和关系治理)和联盟成功间起中介传导作用。在联盟运行过程中，联盟各方可以通过识别联盟程序和结果分配是否公平来提高联盟成功的可能性，但程序公平和分配公平具有不同的作用机理。其中，程序公平是一种“追求过程公平”的方式，旨在实现联盟运行过程中决策制定、程序设定的无偏性和完备性，强调以公平合作来交换各自资源(Luo，2005)，其实施可以促进联盟双方融洽关系的建立，使联盟企业在获取、吸收和转移合作伙伴知识中取得竞争优势，因此程序公平在关系治理与联盟成功的正向关系间起中介作用。与此相对，分配公平是联盟各方的投入、承诺、义务和各方所获取的最终利益对等的程度，旨在追求最终结果，强调形成惯例来获取各自投入价值相当的报酬（史会斌 等，2008a），其实施需要一个对双方的约束，而不是更友好的关系，因此分配公平在契约治理与联盟成功的正向关系间起中介作用。

(4)公平识别的中介作用受到不确定性和伙伴间冲突的差异性影响。有意思的是，本书第二阶段有调节的中介效应研究进一步发现，公平识别的中介作用并不总是一成不变的，而是随着不确定性和伙伴间冲突程度的变化而变化。具体而言：①当伙伴行为不确定性程度更高时，联盟企业会更加依赖于分配公平而非程序公平以实现联盟成功。②当伙伴间建设性冲突程度更高时，联盟企业会更加依赖于程序公平而非分配公平以实现联盟成功；而当伙伴间破坏性冲突程度更高时，联盟企业会更加依赖于分配公平以实现联盟成功。③伙伴行为不确定性正向调节分配公平的中介作用，这意味着高度的伙伴行为不确定性有利于分配公平中介作用的发挥，即伙伴行为不确定性的程度越高，分配公平所呈现出来的中介作用越强。④当伙伴间建设性冲突处于低度、中度和高度等不同程度时，将会对程序公平的中介作用产生不同的影响，即伙伴间建设性冲突由低度到中度时，对程序公平的中介效应的促进作用变弱，而伙伴间建设性冲突由中度到高度时，对程序公平的中介效应的促进作用变强。⑤伙伴间破坏性冲突正向调节分配公平的中介作用，这意味着高度的伙伴间破坏性冲突促进了程序公平的中介作用，即伙伴间破坏性冲突的程度越高，程序公平所呈现出来的中介作用越强。

7.2 主要创新点

通过明确研究目标、构建概念模型、提出并检验研究假设，本书在与先前研究相比上，主要存在如下四个方面的创新点。

(1)运用比较研究的视角，聚焦于契约治理和关系治理在特定情境下对联盟成功的差异性影响，打破了传统研究仅仅关注两类治理机制关系本身的局限，丰富了对不同治理机制相对作用及其边界条件的认识。

先前有关联盟治理机制的研究通常集中于探讨正式的契约治理机制和非正式的关系治理机制二者本身的关系，认为契约治理和关系治理间关系无外乎“替代”“互补”或“并存(既存在替代又存在互补)”三种观点。本书从一个全新的视角，采用比较研究的方法，致力于探究两类治理机制作用于联盟成功的相对效应，力图解决治理契约与关系治理间到底存在何种关系的争论，是一次大胆的扩展与尝试，有力地补充了联盟治理机制研究文献，使得研究内容不再局限于回答“关系治理和契约治理是替代、互补还是并存关系”上，而是另辟蹊径，进一步将研究问题拓展到两类治理机制中何种机制更有利于联盟成功方面，为后续联盟治理研究提供了新的参考。更进一步地，通过探究不确定性和伙伴间冲突等权变因素对治理机制与联盟成功关系的差异性调节效应，进一步打破了传统研究有关契约治理和关系治理二者关系的已有解释，揭示了在特定情境下治理机制作用于联盟成功的内在机理，为联盟治理机制的边界条件研究补充了新的理论解释和实证证据。

(2)通过深入剖析公平识别在治理机制与联盟成功间的差异性中介传导效应，揭示了两类治理机制影响联盟成功的不同中转路径，在一定程度上打开了治理机制与联盟成功间的关系“黑箱”。

虽然以往研究对治理机制如何作用于联盟结果问题着墨颇多，但不同类型的治理机制与联盟结果间的关系“黑箱”尚未被完全打开。本书通过探究公平识别对治理机制与联盟成功关系的中介传导效应，更加深入地分析了不同治理机制影响联盟成功的深层次作用机理，有助于解决先前相关研究结论不一致的问题。此外，本书在对联盟公平识别的探讨中，发现了程序公平和分配公平在治理机制与联盟成功间的选择性中介机制：在对契约治理与联盟成功关系的探讨中，我们发现契约治理通过分配公平的中介作用对联盟成功产生正向影响；在对关系治理与联盟成功关系的探讨中，我们发现关系治理与联盟成功的关系受到程序公平的中介影响。这些研究结论表明，当作用于相同的结果变量(联盟成功)时，契约治理和关系治理有着不同的中介路径，程序公平和分配公平将分别适用于不同的联盟治理机制。这一研究结论较为全面地揭示了不同类型的公平识别在两类治理机制与联盟成功关系中的选择性中介作用机理，突破了以往研究对治理机制与联盟成功之间简单线性关系的单一解释机制，为澄清两者之间的内在机理提供了一种崭新的研究思路。

(3)通过探讨程序公平和分配公平在特定情境下对联盟成功的作用差异，拓展了公平识别对联盟成功的影响机理和边界条件研究，丰富了联盟公平研究的理论基础及其适用情境。

先前研究大多致力于探究程序公平与分配公平的关系本身，对两者之间的相对效应关注不足，这可能是造成我们对联盟公平本质作用认识不清的一个主要原因。本书通过探讨两类公平识别的比较效应，丰富了公平识别对联盟成功的影响机理研究。此外，通过探究不同类型的不确定性和不同类型的伙伴间冲突在公平识别与联盟成功关系中的差异性调节效应，本书发现，在这两类权变因素的影响下，联盟企业依赖于不同的公平识别路径实现联盟成功，从而有力补充了联盟公平识别的边界条件研究。将程序公平与分配公平对联盟成功的影响放在环境不确定性与伙伴行为不确定性的不同情境下进行比较研究，明晰了联盟内外部不确定性因素对公平识别作用机制的约束及其影响差异；将公平识别对联盟成功的影响放在伙伴间建设性冲突与破坏性冲突的不同情境下进行比较研究，澄清了联盟伙伴间不同性质的冲突对公平识别作用机制的影响差异，推进了联盟公平的情景化研究。

(4)通过构建有调节的中介效应模型,进一步阐明了不确定性和伙伴间冲突影响"治理机制—公平识别—联盟成功"关系链条的多重约束条件及其选择性传导机制,推动了多个理论的整合与发展,丰富了战略联盟治理与管理研究的理论基础。

近年来,越来越多的国内外学者开始关注"中介作用是否一成不变"这一关键研究问题,而有调节的中介效应模型是用以解答该问题的有效手段之一。通过提出公平识别的中介作用受到不确定性和伙伴间冲突的差异性影响,本书丰富了有调节的中介效应模型在战略联盟背景下的应用,从概念上、理论上和实证上均将相关研究推进了一步,也为未来战略联盟研究指明了方向。此外,治理机制如何作用于联盟结果问题是战略联盟领域中较为瞩目的研究内容,本书提出了有调节的中介效应模型,探讨了不确定性和伙伴间冲突是否影响公平识别在治理机制与联盟成功关系间的中介作用,从而更为深入地讨论了该中介作用的边界条件,通过在同一分析框架中将多类研究主题联系在一起,促进了多领域文献的交叉与融合。

7.3 研究意义

本书的研究具有一定的理论意义和现实意义。

7.3.1 理论意义

在对治理机制、公平识别和联盟成功关系链条的研究过程中,本书在一定程度上推动了多个理论的融合与发展,具体表现为如下三个方面。

(1)促进交易成本理论与关系交换理论的整合与发展。交易成本理论强调以单个交易作为分析单位,使用"理性"的市场机制或层级机制来组织交易(Williamson,1978),而关系交换理论则强调在交易中使用"感性"的关系规范来确保交易的顺利进行(Heide et al.,1992;Larson,1992;Mcnicoll,1982;Mesquita et al.,2008a),二者看似相互矛盾,实际上都是围绕"交易治理"而展开(Macneil,1978;Mcnicoll,1982)。交易成本理论认为,联盟机会主义无处不在,为了减少伙伴机会主义带来的高昂交易成本,必须理性地使用一些控制或治理机制来降低联盟交易成本(Chiles et al.,1996;David et al.,2004)。同样,关系交换理论也承认联盟机会主义的存在,但是不会因为机会主义的存在而采用极端化处理方式,认为联盟各方可以依赖于信任、承诺、合作和关系规范来管理合作伙伴的机会主义(Ariño et al.,2001;Ireland et al.,2007;Poppo et al.,2002)。本书通过探讨契约治理和关系治理的作用机制,认为交易成本理论与关系交换理论在不同的情境下起着差异性作用,即在某种给定的情境下,某一理论可能更适合解释所发生的现象,二者相互补充。交易成本理论有时会过分强调使用强制性手段规避交易风险,忽略人与人之间、组织与组织之间存在很大的不确定因素(Judge et al.,2006);而关系交换理论则过度强调以信任、承诺和感情的培养来确保交易成功,夸大了对机会主义抑制的作用,忽视了联盟合作中的意见不一致和自我利益最大化问题(Griffith et al.,2005;Hill,1990;杨光飞,2009)。因此,将这两种理论整合会产生协同效应,一种理论补充着另一种理论的不足,可能比单独使用任何一种理论都能更为有效地解释联盟治理问题,且更有助于获得相对全面的研究结论。

(2)促进交易成本理论和公平理论的整合与发展。交易成本理论关注如何使交易成本最小化,公平理论在很大程度上能够通过影响人与人之间的关系满意度对交易产生影响(Griffith et al.,2006;Hauenstein et al.,2001;Luo,2007)。从表面上看,这两种理论视角毫无交集,因而在许多研究中被单独运用。然而,在交易成本理论"如何减小交易成本"的分析框架下,公平理论中"程序公平"与"分配公平"两种行为活动将极有可能在这一过程中产生重要影响,即契约治理方式(交易成本的核心力量)所带来的成本问题将会被高度的联盟公平感知所化解和削弱,从而为战略联盟带来更高的价值。这意味着交易成本理论可以促进公平理论的发展,公平理论则可以弥补交易成本理论的局限性。因此,本书通过在一定程度上推动交易成本理论和公平理论的整合,呼应了 Luo 等(2015)有关"公平识别(公平理论的核心表现)能够减少机会主义(交易成本理论的难题)负面影响"的观点,促进了两种理论的协同发展。

(3)促进关系交换理论和公平理论的整合与发展。关系交换理论的核心是关系治理,强调社会中的关系规范,通过信任与承诺来协调交易行为,并确保交易顺利进行(Ireland et al.,2007;Poppo et al.,2002;Paulraj et al.,2008)。而公平理论更多的是关注个体的一种感知,当获得正向的感知时,个体行为会对组织产生高的满意度和忠诚度,从而使组织的交易活动能够顺利进行(Doz,1996;Adams,1963)。由于关系交换理论早先被运用于社会学研究中,而公平理论被广泛运用在组织学领域,因而这两种理论视角也很少被联系在一起。受跨学科理论交叉与融合观点的启发,我们发现将这两种理论结合在一起能更有效地解释联盟治理问题。因而,本书以此为出发点,借助于两种理论的核心观点,对关系交换理论的核心变量"关系治理"与公平理论的核心变量"程序公平"和"分配公平"之间的关系加以系统分析和论述,明晰了关系治理对公平识别的作用机制,在理论上突破了原有关系交换理论和公平理论各自的研究内容,促进了关系交换理论和公平理论的交叉和融合。

7.3.2 现实意义

本书的概念模型、研究内容和研究结论对于中国企业通过治理并管理战略联盟,从而提升联盟成功率,具有以下几个方面的现实意义。

(1)当今中国处在经济快速发展阶段,企业与企业之间既存在一定程度的竞争关系,也存在多方面共同合作的机会,因此,战略联盟成为企业之间实现共赢的一种最佳战略工具(龙勇 等,2012)。随着战略联盟被中国企业广泛运用,如何对战略联盟进行有效治理已成为企业家们所关注的重要话题。而针对战略联盟治理机制的选择问题,虽然学术界进行了大量的研究,但多是从学术角度探讨二者之间的关系,联盟企业仍然无法掌握如何在战略联盟中正确合理地使用这两种治理机制。因此从联盟企业的角度来看,在特定情况下选择什么样的治理机制则是企业最想得到的答案。

在当前中国,契约治理更多涉及的是一种法律手段上的保护,而关系治理更多依赖的则是人与人之间的良好关系,这两种治理机制依赖于各自的核心特点能够分别确保联盟顺利运行,进而实现联盟目标。但是我们知道,中国自古以来就是“关系型”社会(Li et al.,2015;张闯 等,2014),伙伴间关系问题已经不是中国背景下战略联盟的必要条件,而是充分条件,因此本书指出,关系治理比契约治理通常更能促进联盟成功。此时,联盟企业需要考虑的就是如何建立一套良好的关系治理机制。在联盟组建初期,选取值得信赖的联盟伙伴是关键。在选择联盟合作伙伴时,必须对候选企业的技术能力、财务能力以及声誉等进行全方位考察,从中选出最值得信赖且有足够能力的伙伴,为今后关系治理机制的建立打下基础。而在联盟运行过程中,要确保成员之间是相互信赖的,比如,定期召开远程会议,建立起频繁沟通的通道,确保双方信息的及时共享,建立起共同愿景,最大程度削减机会主义的动机。当一方在联盟合作中出现问题,另一方能够作为对方的援手,给予对方最大的支持,而不是孤立合作伙伴,只有这样,联盟双方才能建立起长远的经得起考验的信任关系,为关系治理作用的发挥奠定良好的基础。

(2)联盟企业需要认识到,全球化竞争日益激烈,中国也正处于经济转型的关键时刻,外界环境瞬息万变,顾客、技术、知识要素的变革无时不在,处在其中的战略联盟不可能不受到这种环境变化的影响,因此,当环境处在高度不确定性的状态下,联盟企业应当更加注重对关系治理机制的使用,确保联盟成员之间能够依赖信任和关系规范持续地运行联盟。尤其是,战略联盟不可能脱离开双方成员而存在,伙伴行为不确定性也会对联盟治理机制作用的发挥产生重要的影响。当伙伴行为存在高度不确定性时,联盟企业应当采取措施减少这种行为不确定因素的干扰,为了规避这种行为不确定性带来的额外成本,企业必须认识到契约治理的重要性,及时针对所处行业的特征及自身的实际情况,合理利用契约治理的强制性控制功能,保证联盟合作的顺利进行。

此外,对于联盟冲突,企业不必过于紧张,当联盟中不论是出现高度破坏性冲突还是高度建设性冲突,都意味着成员之间的关系随着冲突的出现发生了重大变化,当人情不在了,其所构成的信任基础就会大大削弱甚至消失,此时,契约治理的作用更加不容小觑。因为依靠人情关系型的相互信任是不稳定的,继续依赖关系治理就会对企业间的战略联盟产生消极和不利的影响。也就是说，尽管基于信任的关系治理在联盟运行中起着重要作用，但站在关系治理背后的契约则是确保关系治理执行的关键。例如，微软和英特尔通过组建 Wintel 联盟以推动 PC 产业发展，但 Wintel 联盟最终却以失败告终，这给了中国企业一个很好的启示。自成立之日起，Wintel 联盟就没有正式的协议，这意味着实施机会主义行为将可能不会受到惩罚。因而，各自对对方机会主义行为的担心导致了双方信任危机的出现，使得双方的关系始终处于脆弱和不稳定状态，最终引发了联盟的解体。假如微软与英特尔在合作初期就签订完备的合作协议，用以规范各自的联盟行为，这也许会加强双方的信任水平，进而有助于联盟取得最终的成功。

(3)两种不同类型的治理机制固然对联盟运行起着十分重要的作用，但只是单纯地依靠契约治理或者关系治理并不能确保联盟在根本上获得成功。本书提炼出公平识别这一重要的中介要素，并将其区分为程序公平与分配公平，考察两者在不同的治理机制下是如何对联盟成功产生传导作用的。这种讨论可以帮助我国联盟企业管理者认识到，实施治理机制需要密切关注联盟内部的公平感知，只有建立高水平程序公平和分配公平，才能使得治理机制的效用得到真正发挥。具体对联盟企业而言，我们的研究结论显示，契约治理通过分配公平的中介作用对联盟成功产生正向影响，这就意味着当联盟双方选择契约治理这种治理机制时，需要对联盟中的分配公平程度予以强烈关注，通过实施更高程度的分配公平，比如事先约定好各方的投入、贡献和所得的分配比例，并予以执行，只有这样才能确保契约治理在整个联盟运行过程中能够发挥出最大作用。我们的研究结论还表明，关系治理通过程序公平的中介作用对联盟成功产生正向影响，实施关系治理机制需要建立在双方程序公平的基础上，因而只有建立高水平的程序公平，比如双方在决策制定、程序设计和问题解决等流程上确保合理、公开、透明，且获得双方认可，才能使关系治理真正发挥应有的作用，从而带来最终的联盟成功。

(4)本书有关调节中介效应的讨论可以回答企业在何种情境下何种治理机制需要通过何种方式的公平识别以实现联盟成功。比如，当企业致力于实施分配公平时，需要充分认识到，面对伙伴行为不确定性和伙伴间破坏性冲突时不必过度紧张，因为高度的伙伴行为不确定性和高度的伙伴间破坏性冲突反而更有利于联盟分配公平发挥更大的作用，在这种情况下，企业需要注重使用契约治理这一类治理机制，以更好地发挥分配公平的作用。然而，当企业致力于实施程序公平时，需要认识到伙伴间建设性冲突要维持在中度到高度的水平，且企业应当注重对关系治理这一治理机制的使用，此时，程序公平才能发挥最大作用。总体来说，我国联盟企业需要关注在不同情境下对治理机制的选择和联盟公平的追求相匹配，从而发挥两者各自应有的效用，促进联盟成功。

7.4 研究局限性与未来研究方向

尽管本书对所提出的各类理论与现实问题尽可能进行了充分的探讨与阐释，研究结论也在很大程度上符合预期的目标，但不可否认，本书在理论上和方法上还存在一些局限性，而这将会为未来研究提供契机。

7.4.1 理论上的局限性

本书在理论上的局限性主要包括以下两点：

(1)本书将契约治理和关系治理视为单一维度变量。然而，这两类治理机制均可能包含多个维度，例如：Mellewigt 等(2007)将契约治理细分为契约控制和契约协调两个维度，体现了契约治理的不同特征。Mustakallio 等(2002)认为关系治理包括关系结构和关系认知两个维度，其中，关系结构诸如家族企业参与度，反映了家族企业的治理结构，关系认知则包括共同愿景，反映了家族企业成员间目标一致性的程度，二者具有不同的作用机制。因而，本书将契约治理和关系治理视为单一维度变量可能会造成研究结果不准确，也会造成对两类治理机制的作用探讨过于简单化。未来研究可以针对契约治理和关系治理的不同维度，具体探讨不同维度下的各治理机制要素对联盟过程和结果的差异化作用，有助于深化我们对联盟治理机制不同维度作用的理解。

(2)本书缺乏对程序公平和分配公平两个维度间关系的测量。本书的操作方式虽然有利于区分程序公平和分配公平的不同，但是对两类公平识别之间的相互作用却缺乏探究和认识。先前研究指出，程序公平与分配公平可能存在“连续变量”或者“正交变量”的关系(Brown et al.，2006；高展军 等，2016)，而本书没有关注程序公平和分配公平之间到底是何种关系，因此，将这两类公平识别方式的关系(比如平衡和组合)纳入本书中，也许会得出更为复杂且更有意思的研究结论，未来研究可以对此进行关注。

7.4.2 方法上的局限性

本书在方法上的局限性主要包括以下四点：

(1)与大多数实证研究类似，本书使用的是横截面数据，对检验静态关系有着非常好的效果，但是对因果关系的检验存在一定的不足之处。考虑到本书中治理机制对公平识别的影响不是即时的，公平识别对联盟成功的影响也需要一段时间后才能表现出来，因此，本书所采用的横截面数据对这个“动态过程”的解释显得不够有效、合理。基于此，未来研究可以考虑采用纵向数据(自变量和因变量数据具有一定时间差)、实验、模拟等动态方法来考察治理机制通过公平识别影响联盟成功的过程,从而得出更有意义的研究结论。

(2)本书所采用的问卷数据来源于管理者主观汇报和填写,可能受到被采访者受教育程度、理解偏差、信息掌握程度、填写问卷时的情境以及其他个人原因的影响(Weterings et al.,2007),这意味着本书所得到的数据具有一定的局限性,可能会存在共同方法偏差等问题。尽管本书采取了多种措施来尽量排除这种偏差的干扰,如收集双源数据(每家联盟企业选取两位高管填写问卷),但未来研究应该尽可能同时收集主观和客观数据(虽然这样会增加调查研究的难度),使用主观和客观数据结合的方式更有说服力,也会得出更强有力的结论。

(3)本书仅使用了联盟一方成员的数据,这造成所收集的数据只反映了单方成员对联盟治理与管理的认知,可能会带来分析偏差,难以准确反映双方合作活动的真实情况(Saxton,1997)。未来研究可以通过收集联盟双方的数据来研究治理机制对联盟成功的影响,以使本书的结论更为准确。

(4)本书样本数据的收集来源于中国企业及其战略联盟,具有特定情境性,这对我国联盟研究者和实践者来说具有一定的指导作用,但可能并不适用于其他国家。未来的研究可以比较不同国家在相关现象和相关问题上的异同,这样得出的结论也许更具现实和普遍意义。

» 参考文献

车密，江旭，高山行，2018. 学习导向、联盟管理实践采用与联盟管理能力：被调节的中介效应研究[J]. 科学学研究，36(2)：313－323.

车密，江旭，高山行，2019. 联盟特征、联盟管理实践转移与联盟成功[J]. 管理工程学报，33(4)：1－9.

陈菲琼，2003. 企业知识联盟：理论与实证研究[M]. 北京：商务印书馆.

陈海涛，徐永顺，迟铭，2021. PPP 项目中风险再分担对私人部门行为的影响：公平感知的多重中介作用[J]. 管理评论，33(8)：53－65.

邓春平，毛基业，2008. 关系契约治理与外包合作绩效：对日离岸软件外包项目的实证研究[J]. 南开管理评论，11(4)：25－33.

刁丽琳，朱桂龙，2014. 产学研合作中的契约维度、信任与知识转移：基于多案例的研究[J]. 科学学研究，32(6)：890－901.

高展军，江旭，2016. 联盟公平的工具效应及其对合作绩效的影响：被中介的调节效应研究[J]. 南开管理评论，19(2)：145－156.

高展军，王龙伟，2013. 联盟契约对知识整合的影响研究：基于公平感知的分析[J]. 科学学与科学技术管理(7)：95－103.

何畔，2000. 战略联盟：现代企业的竞争模式[M]. 广州：广东经济出版社.

何瑛，杨琳，文雯，2022. 从"政治属性"到"市场理性"：非国有股东治理机制与资本结构动态调整[J]. 南开管理评论：1－32.

胡国栋，罗章保，2017. 中国本土网络组织的关系治理机制：基于自组织的视角[J]. 中南财经政法大学学报(4)：127－139.

胡秋明，高凯，2020. 混合组织治理机制下商业养老保险与养老服务融合发展研究[J]. 社会保障评论，4(4)：19－37.

黄春萍，王志文，章静敏，等，2021. 不确定环境下品牌联盟组织间协作模式选择的计算实验研究[J]. 中国管理科学，29(6)：189－201.

黄俊，罗丽娜，陈宗霞，2012. 联盟契约控制与研发联盟风险：共同信任的中介效应研究[J]. 科学学研究(10)：1573－1578.

黄玉杰，万迪昉，汪应洛，2008. 我国高技术企业联盟治理结构选择的实证研究[J].

管理工程学报,22(4):100-104.

江积海,刘风,2013.国外联盟组合研究述评及展望[J].外国经济与管理,35(3):12-21.

江旭,2008.医院间联盟中的知识获取与伙伴机会主义[D].西安:西安交通大学.

江旭,2012.联盟信任与伙伴机会主义的关系研究:来自我国医院间联盟的证据[J].管理评论,24(8):51-57.

江旭,高山行,李垣,2009.战略联盟的范围、治理与稳定性间关系的实证研究[J].管理工程学报,23(2):1-6.

江旭,侯春青,王楚凡,2022.建设性冲突与破坏性冲突对联盟治理机制选择倾向性的非对称影响研究[J].南开管理评论:1-36.

江旭,姜飞飞,2015.不确定性、联盟风险管理与合作绩效满意度[J].管理工程学报,29(3):180-190.

江旭,廖貅武,高山行,2008.战略联盟中信任、冲突与知识获取和企业绩效关系的实证研究[J].预测,27(6):24-29.

江勇,李步峰,2003.建立基于建设性冲突的组织管理机制研究[J].同济大学学报(社会科学版),14(4):64-69.

焦俊,李垣,2007.联盟中显性知识转移和企业内部创新[J].预测,26(5):31-35.

雷培莉,张英奎,2000.对企业内部冲突的分析与评价[J].化工技术经济(3):40-43.

李林蔚,王罡,2021.治理机制何时有助于联盟成功:基于不确定性视角的研究[J].科技进步与对策,38(22):19-26.

李林蔚,郑志清,2013.基于竞合视角的企业间合作、冲突与联盟成功[J].科学学与科学技术管理,34(8):64-72.

李维安,周建,2004.作为企业竞争优势源泉的网络治理:基本的概念分析框架和研究假设[J].南开管理评论,7(2):12-17.

李炜文,高岩,李晓彤,2022.战略过程中的中层管理者[J].外国经济与管理,44(12):69-86.

李晓冬,王龙伟,2016.基于联盟知识获取影响的信任与契约治理的关系研究[J].管理学报,13(6):821-828.

李垣,杨知评,史会斌,2009.程序公平和分配公平影响联盟绩效的机理研究[J].管理学报,6(6):759.

刘衡,王龙伟,李垣,2010.战略联盟控制方式有效性研究:基于任务、关系和环境特征的框架分析[J].科学学与科学技术管理,31(1):27-33.

刘江花,陈加洲,2012.组织建设性冲突研究[J].科技管理研究,32(3):207-214.

刘娴，徐飞，宋波，2013. 不确定环境下分配公平与信任对战略联盟绩效的影响[J]. 工业工程与管理，18(4)：64－70.

刘益，陶蕾，2007. 零售商对供应商的信任、控制机制使用和价值创造之间的关系研究[J]. 管理工程学报，21(1)：61－66.

龙勇，郑景丽，2013. 联盟过程管理视角的联盟能力与联盟治理关系研究[J]. 管理世界(1)：182－183.

龙勇，郑景丽，吴海春，2012. 战略联盟中交易成本、联盟能力对效率边界影响的实证研究[J]. 管理评论，24(12)：107－114.

卢纪华，王锐，赵希男，2012. 技术联盟契约承诺与成员绩效的关系研究[J]. 科学学与科学技术管理，33(3)：149－157.

卢强，杨晓叶，周琳云，2022. 关系治理与契约治理对于供应链融资绩效的影响研究[J]. 管理评论，34(8)：313－326.

马永远，江旭，2014. 战略联盟伙伴间特征与联盟管理实践转移[J]. 管理科(5)：1－11.

梅姝娥，谢刚，2013. 信息技术外包关系的治理：创新意图的影响研究[J]. 科研管理，34(8)：130－138.

穆文，江旭，2016. 联盟管理实践获取与联盟成功：被调节的中介效应[J]. 管理科学，29(1)：28－39.

聂鹰，龙勇，2012. 契约联盟中的知识泄漏风险与合同治理：技术模块化的调节作用[J]. 科技进步与对策，29(5)：133－137.

裴嘉良，刘善仕，钟楚燕，等，2021. AI 算法决策能提高员工的程序公平感知吗？[J]. 外国经济与管理，43(11)：41－55.

任星耀，朱建宇，钱丽萍，等，2012. 渠道中不同机会主义的管理：合同的双维度与关系规范的作用研究[J]. 南开管理评论，15(3)：12－21.

瑞格斯比，2003. 发展战略联盟[M]. 贺痴，雷小兵，译. 北京：机械工业出版社.

史会斌，李垣，2008a. 基于公平理论的联盟管理研究评述[J]. 科学学与科学技术管理，29(4)：161－168.

史会斌，王龙伟，李垣，2008b. 不同学派对联盟中公平的研究综述[J]. 现代管理科学(7)：39－41.

孙国强，2003. 网络组织的治理机制[J]. 经济管理(4)：39－43.

孙笑侠，1992. 两种程序法类型的纵向比较：兼论程序公正的要义[J]. 法学(8)：7－11.

孙振民，任琳，2022. 全球治理中的次级力量：权威与议题联盟选择[J]. 东北亚论坛，31(6)：87－104＋126.

王安宇，司春林，骆品亮，2006. 研发外包中的关系契约[J]. 科研管理，27(6)：103－108.

王建平，2020. 基于战略联盟理论的高职产业学院共同治理探究[J]. 大学教育(6)：182－185.

王可迪，涂维加，霍宝锋，2022. 供应链领导力：文献综述与研究展望[J]. 外国经济与管理，44(6)：110－134.

王雍君，2022. 财政本质的社会交换过程理论：层级界定与互惠性建构[J]. 财政研究(1)：60－78.

威尔斯马，2000. 客户联盟[M]. 北京：机械工业出版社.

威廉森，2001. 治理机制[M]. 王健，方世建，译. 北京：中国社会科学出版社.

温忠麟，刘红云，侯杰泰，2012. 调节效应和中介效应分析[M]. 北京：教育科学出版社.

巫景飞，2007. 企业战略联盟：动因、治理与绩效[M]. 北京：经济管理出版社.

吴德胜，李维安，2010. 非正式契约与正式契约交互关系研究：基于随机匹配博弈的分析[J]. 管理科学学报，13(12)：76－85.

吴明隆，2000. SPSS 统计应用实务[M]. 北京：中国铁道出版社.

邢天才，王笑，2022. 经济政策不确定性对中国资本市场发展的影响及其应对[J]. 中州学刊(6)：14－20.

徐二明，肖建强，2021. 战略管理研究的演进[J]. 管理科学，34(4)：101－114.

颜少君，2023. 新形势下一带一路面临的风险与中国抉择[J]. 开放导报(1)：15－27.

杨光飞，2009. 关系治理：华人家族企业内部治理的新假设[J]. 经济问题探索(9)：81－85.

杨震宁，潘丽君，2022. 联盟成员关系、治理机制与联盟稳定性[J]. 科学学研究：1－15.

杨震宁，潘丽君，2023. 双重逻辑下联盟价值创造路径研究：基于模糊集的定性比较分析[J]. 南开管理评论：1－22.

曾德明，周青，秦吉波，2005. 高新技术企业 R&D 团队柔性冲突管理机制研究[J]. 管理评论，17(2)：22－26.

张闯，李骥，关宇虹，2014. 契约治理机制与渠道绩效：人情的作用[J]. 管理评论，26(2)：69－79.

张涵，康飞，赵黎明，2015. 联盟网络联系、公平感知与联盟绩效的关系：基于中国科技创业联盟的实证研究[J]. 管理评论，27(3)：157.

张华，顾新，2022. 战略联盟治理对企业突破性创新的影响机理研究[J]. 管理学报，

19(9):1354-1362.

张令杰,1994. 程序法的几个基本问题[J]. 法学研究(5):29-36.

张彦宁,1998. 实施正确的经营战略[J]. 企业管理(3):8-9.

赵昌平,2005. 跨国公司战略联盟的形成机制与管理研究[M]. 北京:经济管理出版社.

赵红丹,周晓敏,2020. 程序公平感与员工知识隐藏:群体卷入模型的视角[J]. 上海管理科学,42(6):91-99.

赵健宇,付程,袭希,2020. 知识嵌入性、知识流动与战略联盟结构升级的关系研究[J]. 管理评论,32(1):91-106.

郑少芳,2023. 长三角地区科技创新产业联盟的治理机制研究[J]. 中小企业管理与科技(4):143-145.

郑维伟,漆海霞,2020. 联盟制度化、自主性与北约的存续[J]. 外交评论(外交学院学报),37(5):87-125+7.

钟书华,2004. 企业技术联盟导论[M]. 北京:经济管理出版社.

周青,王乃有,马香媛,2014. 产业技术创新战略联盟冲突类型与影响因素的关联分析[J]. 科学学研究,32(3):473-480.

庄贵军,李珂,崔晓明,2008. 关系营销导向与跨组织人际关系对企业关系型渠道治理的影响[J]. 管理世界,20(7):77-90.

ABDI M, AULAKH P S, 2012. Do country-level institutional frameworks and interfirm governance arrangements substitute or complement in international business relationships? [J]. Journal of International Business Studies, 43(5): 477-497.

ABDI M, AULAKH P S, 2017. Locus of uncertainty and the relationship between contractual and relational governance in cross-border interfirm relationships [J]. Journal of Management, 43(3): 771-803.

ADAMS J S, 1963. Toward an understanding of inequity[J]. Journal of Abnormal and Social Psychology, 67(5): 422-436.

AFARI T S A, ELANAIN H M A, 2014. Procedural and distributive justice as mediators of the relationship between interactional justice and work outcomes: an empirical study of the UAE public health care sector [J]. Journal of Education for Teaching, 40(3): 300-318.

AFRICA A, SMITH R P, 2010. The role of fairness in alliance formation[J]. Strategic Management Journal, 31(10): 1054-1087.

AIKEN L S, WEST S G, 1994. Multiple regression: testing and interpreting interactions[J]. Evaluation Practice, 45(1): 119 - 120.

AMASON A C, 1996. Distinguishing the effects of functional and dysfunctional conflict on strategic decision making: resolving a paradox for top management teams[J]. Academy of Management Journal, 39(1): 123 - 148.

AMASON A C, SCHWEIGER D M, 1994. Resolving the paradox of conflict, strategic decision making, and organizational performance [J]. International Journal of Conflict Management, 5(3): 239 - 253.

ANAND B N, KHANNA T, 2000. Do firms learn to create value? The case of alliances[J]. Strategic Management Journal, 21(3): 295 - 315.

ANDERSON E, WEITZ B, 1989. Determinants of continuity in conventional industrial channel dyads[J]. Marketing Science, 8(4): 310 - 323.

ANDERSON J C, GERBING D W, 1988. Structural equation modeling in practice: A review and recommended two - step approach[J]. Psychological Bulletin, 103 (3): 411 - 423.

ANDERSON J C, NARUS J A, 1990. A model of distributor firm and manufacturer firm working partnerships [J]. Journal of Marketing, 54 (1): 42 - 58.

ARIÑO A, TORRE J D L, 2001. Relational quality: managing trust in corporate alliances[J]. California Management Review, 44(1): 109 - 131.

ARMSTRONG J S, OVERTON T S, 1977. Estimating nonresponse bias in mail surveys[J]. Journal of Marketing Research, 14(3): 396 - 402.

ATUAHENE-GIMA K, LI H, 2004. Strategic decision comprehensiveness and new product development outcomes in new technology ventures[J]. Academy of Management Journal, 47(4): 583 - 597.

AULAKH P S, GENÇTÜRK F E, 2010. Contract formalization and governance of exporter - importer relationships[J]. Journal of Management Studies, 45(3): 457 - 479.

BAGOZZI R P, YI Y, 1992. Testing hypotheses about methods, traits, and communalities in the direct-product model [J]. Applied Psychological Measurement, 16(December): 373 - 380.

BAKER G, GIBBONS R, MURPHY K J, 2002. Relational contracts and the theory of the firm[J]. Quarterly Journal of Economics, 117(1): 39 - 84.

BARON R M, KENNY D A, 1986. The moderator-mediator variable distinction in social psychological research: conceptual, strategic, and statistical considerations

[M]. London:Chapman and Hall Ltd.

BEATTY J F, SAMUELSON S S, 1996. Business law for a new century[M]. Boston:Little, Brown & Co.

BEN-NER A, PUTTERMAN L, 2009. Trust, communication and contracts: An experiment [J]. Journal of Economic Behavior & Organization, 70 (1):106 - 121.

BEUGRE C D, BARON R A, 2001. Perceptions of systemic justice: the effects of distributive, procedural, and interactional justice[J]. Journal of Applied Social Psychology, 31(2):324 - 339.

BOUNCKEN R B, CLAUSS T, FREDRICH V, 2016. Product innovation through coopetition in alliances: singular or plural governance? [J]. Industrial Marketing Management, 53(February):77 - 90.

BOUNCKEN R B, FREDRICH V, 2012. Coopetition: performance implications and management antecedents [J]. International Journal of Innovation Management, 16(5):1 - 28.

BROCKNER J, 2002. Making sense of procedural fairness: how high procedural fairness can reduce or heighten the influence of outcome favorability [J]. Academy of Management Review, 27(1):58 - 76.

BROCKNER J, WIESENFELD B M, 1996. An integrative framework for explaining reactions to decisions: interactive effects of outcomes and procedures [J]. Psychological Bulletin, 120(2):189 - 208.

BROUTHERS K D, BROUTHERS L E, WERNER S, 2003. Transaction cost - enhanced entry mode choices and firm performance[J]. Strategic Management Journal, 24(12):1239 - 1248.

BROWN J R, COBB A T, LUSCH R F, 2006. The roles played by interorganizational contracts and justice in marketing channel relationships[J]. Journal of Business Research, 59(2):166 - 175.

BRUGGEN G H V, LILIEN G L, KACKER M, 2002. Informants in organizational marketing research: why use multiple informants and how to aggregate responses[J]. Journal of Marketing Research, 39(4):469 - 478.

BSTIELER L, HEMMERT M, 2015. The effectiveness of relational and contractual governance in new product development collaborations: evidence from korea[J]. Technovation, 45 - 46:29 - 39.

BUCKLIN L P, SENGUPTA S, 1993. Organizing successful co-marketing alliances[J]. Journal of Marketing,57(2):32 - 46.

CAI S, YANG Z, HU Z, 2009. Exploring the governance mechanisms of quasi-integration in buyer - supplier relationships [J]. Journal of Business Research, 62(6):660 - 666.

CAMPBELL D, FISKE D, 1959. Convergent and discriminant validity by the multitrait-multimethod matrix," psychological bulletin(2), march, pp[J]. My Publications.

CAO Z, LUMINEAU F, 2015. Revisiting the interplay between contractual and relational governance: a qualitative and meta-analytic investigation[J]. Journal of Operations Management, 33 - 34(1):15 - 42.

CARSON S J, MADHOK A, WU T, 2006. Uncertainty, opportunism, and governance: the effects of volatility and ambiguity on formal and relational contracting[J]. Academy of Management Journal, 49(5):1058 - 1077.

CHILES T H, MCMACKIN J F, 1996. Integrating variable risk preferences, trust, and transaction cost economics[J]. Academy of Management Review, 21(1):73 - 99.

CHRISTOFFERSEN J, 2013. A review of antecedents of international strategic alliance performance: synthesized evidence and new directions for core constructs[J]. International Journal of Management Reviews, 15(1):66 - 85.

CLARO D P, HAGELAAR G, OMTA O, 2003. The determinants of relational governance and performance: How to manage business relationships? [J]. Industrial Marketing Management, 32(8):703 - 716.

CLAUSS T, SPIETH P, 2016. Treat your suppliers right! Aligning strategic innovation orientation in captive supplier relationships with relational and transactional governance mechanisms [J]. R & D Management, 46(S3):1044 - 1061.

COASE R H, 1937. The nature of the firm[J]. Economica, 16(4):386 - 405.

COLOMBO M G, 2003. Alliance form: a test of the contractual and competence perspectives[J]. Strategic Management Journal, 24(12):1209 - 1229.

COLQUITT J A, 2001. On the dimensionality of organizational justice: A construct validation of a measure [J]. Journal of Applied Psychology, 86(3):386 - 400.

COMBS J G, JR D J K, 2003. Why do firms use franchising as an entrepreneurial strategy? a meta-analysis[J]. Journal of Management, 29(3):443 - 465.

CONLON D E, MEYER C J, NOWAKOWSKI J M, 2005. How does organizational justice affect performance, withdrawal, and counterproductive behavior? [M]//GREENBERG J, COLQUITT J A. handbook of organizational justice. Mahwah, NJ, US: Lawrence Erlbaum Associates Publishers: 301 - 327.

CONTRACTOR F J, WOODLEY J A, 2015. How the alliance pie is split: value appropriation by each partner in cross-border technology transfer alliances[J]. Journal of World Business, 50(3): 535 - 547.

CREMER D D, KNIPPENBERG D V, 2003. Cooperation with leaders in social dilemmas: On the effects of procedural fairness and outcome favorability in structural cooperation [J]. Organizational Behavior & Human Decision Processes, 91(1): 1 - 11.

DARLING J R, WALKER W E, 2001. Effective conflict management: use of the behavioral style model[J]. Leadership & Organization Development Journal, 22 (5): 230 - 242.

DAS T K, RAHMAN N, 2010. Determinants of partner opportunism in strategic alliances: a conceptual framework [J]. Journal of Business & Psychology, 25 (1): 55 - 74.

DAS T K, TENG B S, 1998. Between trust and control: developing confidence in partner cooperation in alliances[J]. Academy of Management Review, 23(3): 491 - 512.

DAS T K, TENG B S, 2000. A resource-based theory of strategic alliances[J]. Journal of Management, 26(1): 31 - 61.

DAS T K, TENG B S, 2002. Alliance constellations: a social exchange perspective [J]. Academy of Management Review, 27(3): 445 - 456.

DAVID R J, HAN S, 2004. A systematic assessment of the empirical support for transaction cost economics[J]. Strategic Management Journal, 25(1): 39 - 58.

DAY G S, 1995. Advantageous alliances[J]. Journal of the Academy of Marketing Science, 23(4): 297 - 300.

DE JONG G, WOOLTHUIS R K, 2008. The institutional arrangements of innovation: antecedents and performance effects of trust in high-tech alliances [J]. Industry and Innovation, 15(1): 45 - 67.

DEEDS D L, HILL C W L, 1999. An examination of opportunistic action within research alliances: evidence from the biotechnology industry [J]. Journal of Business Venturing, 14(2): 141 - 163.

DEKKER H C, 2004. Control of inter-organizational relationships: evidence on appropriation concerns and coordination requirements [J]. Accounting Organizations & Society, 29(1): 27 - 49.

DESS G G, BEARD D W, 1984. Dimensions of organizational task environments [J]. Administrative Science Quarterly, 29(1): 52 - 73.

DEUTSCH M, 1975. Equity, equality, and need: what determines which value will be used as the basis of distributive justice? [J]. Journal of Social Issues, 31(3): 137 - 149.

DIAKITÉ D, ROYER A, ROUSSELIÈRE D, et al., 2022. Formal and informal governance mechanisms of machinery cooperatives: The case of Quebec [J]. Journal of Co-operative Organization and Management, 10(2): 100181.

DICKSON P H, WEAVER K M, 1997. Environmental determinants and individual-level moderators of alliance use [J]. Academy of Management Journal, 40(2): 404 - 425.

DOZ Y L, 1996. The evolution of cooperation in strategic alliances: initial conditions or learning processes? [J]. Strategic Management Journal, 17(S1): 55 - 83.

DUNCAN R B, 1976. The ambidextrous organization: designing dual structures for innovation [J]. Management of Organization Design: 167 - 188.

DYER J H, 1997. Effective interim collaboration: how firms minimize transaction costs and maximise transaction value [J]. Strategic Management Journal, 18(7): 535 - 556.

DYER J H, CHU W, 2000. The determinants of trust in supplier-automaker relationships in the u. s., japan, and korea [J]. Journal of International Business Studies, 31(2): 259 - 285.

DYER J H, SINGH H, 1998. The relational view: cooperative strategy and sources of interorganizational competitive advantage [J]. Academy of Management Review, 23(4): 660 - 679.

EDWARDS J R, LAMBERT L S, 2007. Methods for integrating moderation and mediation: a general analytical framework using moderated path analysis [J]. Psychological Methods, 12(1): 1.

ELLIS K M, REUS T H, LAMONT B T, 2010. The effects of procedural and informational justice in the integration of related acquisitions [J]. Strategic Management Journal, 30(2): 137 - 161.

FAEMS D, JANSSENS M, MADHOK A, et al. , 2008. Toward an integrative perspective on alliance governance: connecting contract design, trust dynamics, and contract application [J]. Academy of Management Journal, 51 (6): 1053 - 1078.

FINK C F, 1968. Some conceptual difficulties in the theory of social conflict[J]. Journal of Conflict Resolution, 12(4): 412 - 460.

FLEETWOOD KL, 1987. The conflict management styles and strategies of educational managers[J] .

FOLGER R, KONOVSKY M A, 1989. Effects of procedural and distributive justice on reactions to pay raise decisions[J]. Academy of Management Journal, 32(1): 115 - 130.

FORNELL C, LARCKER D F, 1981. Evaluating structural equation models with unobservable variables and measurement error [J]. Journal of Marketing Research, 18(1): 39 - 50.

GASSENHEIMER J B, HOUSTON F S, DAVIS J C, 1998. The role of economic value, social value, and perceptions of fairness in interorganizational relationship retention decisions [J]. Journal of the Academy of Marketing Science, 26 (4): 322 - 337.

GENÇTÜRK E F, AULAKH P S, 2007. Norms-and control-based governance of international manufacturer-distributor relational exchanges [J]. Journal of International Marketing, 15(1): 92 - 126.

GERINGER J M, HEBERT L, 1991. Measuring performance of international joint ventures[J]. Journal of International Business Studies, 22(2): 249 - 263.

GEYSKENS I, STEENKAMP J B E M, KUMAR N, 2006. Make, buy, or ally: A transaction cost theory meta-analysis[J]. Academy of Management Journal, 49 (3): 519 - 543.

GHOSHAL S, MORAN P, 1996. Bad for practice: a critique of the transaction cost theory[J]. Academy of Management Review, 21(1): 13 - 47.

GLAISTER K W, 1996. Strategic motives for international alliance formation[J]. Journal of Management Studies, 33(3): 301 - 332.

GLOVER A, LEW C, 2021. Time-use preference and adaptation in relational exchanges[J].

GOLDBERG V P, 1976. Regulation and administered contracts[J]. Bell Journal of Economics, 7(2): 426 - 448.

GOLES T, CHIN W W, 2005. Information systems outsourcing relationship factors: detailed conceptualization and initial evidence[J]. The DATA BASE for Advances in Information Systems, 36(4): 47 - 67.

GOO J, KISHORE R, RAO H R, et al, 2009. The role of service level agreements in relational management of information technology outsourcing: an empirical study[J]. Management Information Systems Quarterly, 33(1): 119 - 145.

GOPAL A, KOKA B R, 2012. The asymmetric benefits of relational flexibility: evidence from software development outsourcing [J]. MIS Quarterly, 36 (2): 553 - 575.

GRANDORI A, SODA G, 2006. A relational approach to organization design[J]. Industry & Innovation, 13(2): 151 - 172.

GRANOVETTER M, 1985. Economic action and social structure: the problem of embeddedness[J]. American Journal of Sociology, 91(3), 481 - 510.

GREENBERG J, 1990. Organizational justice: yesterday, today, and tomorrow[J]. Journal of Management, 16(2): 399 - 432.

GRIFFITH D A, HARVEY M G, LUSCH R F, 2006. Social exchange in supply chain relationships: the resulting benefits of procedural and distributive justice [J]. Journal of Operations Management, 24(2): 85 - 98.

GRIFFITH D A, MYERS M B, 2005. The performance implications of strategic fit of relational norm governance strategies in global supply chain relationships [J]. Journal of International Business Studies, 36(3): 254 - 269.

GULATI R, 1995. Does familiarity breed trust? the implications of repeated ties for contractual choice in alliances[J]. Academy of Management Journal, 38(1): 85 - 112.

GULATI R, NICKERSON J A, 2008. Interorganizational trust, governance choice, and exchange performance[J]. Organization Science, 19(5): 688 - 708.

GULATI R, SINGH H, 1998. The architecture of cooperation: managing coordination costs and appropriation concerns in strategic alliances [J]. Administrative Science Quarterly, 43(4): 781 - 814.

GULATI R, SYTCH M, TATARYNOWICZ A, 2012. The rise and fall of small worlds: exploring the dynamics of social structure[J]. Organization Science, 23 (2): 449 - 471.

HABIB G M, BURNETT J J, 1989. An assessment of channel behaviour in an alternative structural arrangement: the international joint venture [J].

International Marketing Review,6(3):7 - 21.

HAMBRICK D C,CHO T S,CHEN M J,1996. The influence of top management team heterogeneity on firms' competitive moves[J]. Administrative Science Quarterly,41(4):659 - 684.

HAUENSTEIN N M A,MCGONIGLE T,FLINDER S W,2001. A meta-analysis of the relationship between procedural justice and distributive justice: implications for justice research[J]. Employee Responsibilities & Rights Journal,13(1):39 - 56.

HAYNES S N, RICHARD D C S, KUBANY E S, 1995. Content validity in psychological assessment: A functional approach to concepts and methods[J]. Psychological Assessment,7(3):238 - 247.

HEARLD L R,ALEXANDER J A,BODENSCHATZ L,et al. ,2013. Decision - Making fairness and consensus building in multisector community health alliances: a mixed - methods analysis [J]. Nonprofit Management & Leadership,24(2):139 - 161.

HEIDE J B, 1994. Interorganizational governance in marketing channels[J]. Journal of Marketing,58(1):71 - 85.

HEIDE J B,JOHN G,1992. Do norms matter in marketing relationships? [J]. Journal of Marketing,56(2):32 - 44.

HEIDE J B,KUMAR A,WATHNE K H,2014. Concurrent sourcing,governance mechanisms,and performance outcomes in industrial value chains[J]. Strategic Management Journal,35(8):1164 - 1185.

HEIDE J B,WATHNE K H,ROKKAN A I,2007. Interfirm monitoring,social contracts,and relationship outcomes[J]. Journal of Marketing Research,44(3): 425 - 433.

HILL C W L,1990. Cooperation,opportunism,and the invisible hand:implications for transaction cost theory [J]. Academy of Management Review, 15 (3):500 - 513.

HOETKER G, MELLEWIGT T, 2009. Choice and performance of governance mechanisms: matching alliance governance to asset type [J]. Strategic Management Journal,30(10):1025 - 1044.

HOLTZ B C, HAROLD C M, 2014. Interpersonal justice and deviance: the moderating effects of interpersonal justice values and justice orientation[J]. Journal of Management,39(2):339 - 365.

HUANG M C, CHENG H L, TSENG C Y, 2014. Reexamining the direct and interactive effects of governance mechanisms upon buyer - supplier cooperative performance[J]. Industrial Marketing Management, 43(4): 704 - 716.

HUBER G P, MILLER C C, GLICK W H, 1990. Developing more encompassing theories about organizations: the centralization-effectiveness relationship as an example[J]. Organization Science, 1(1): 11 - 40.

HUBER T L, FISCHER T A, DIBBERN J, et al., 2013. A process model of complementarity and substitution of contractual and relational governance in is outsourcing[J]. Journal of Management Information Systems, 30(3): 81 - 114.

HUNT S D, MORGAN R M, 1996. The resource-advantage theory of competition: dynamics, path dependencies, and evolutionary dimensions [J]. Journal of Marketing, 60(4): 107 - 114.

HUSTED B W, FOLGER R, 2004. Fairness and transaction costs: the contribution of organizational justice theory to an integrative model of economic organization [J]. Organization Science, 15(6): 719 - 729.

INKPEN A C, 1998. Learning and knowledge acquisition through international strategic alliances[J]. Academy of Management Perspectives, 12(4): 69 - 80.

INKPEN A C, TSANG E W K, 2005. Social capital, networks, and knowledge transfer[J]. Academy of Management Review, 30(1): 146 - 165.

IRELAND R D, HITT M A, CAMP S M, et al., 2001. Integrating entrepreneurship and strategic management actions to create firm wealth[J]. The Academy of Management Executive(1993 - 2005), 15(1): 49 - 63.

IRELAND R D, WEBB J W, 2007. A multi-theoretic perspective on trust and power in strategic supply chains[J]. Journal of Operations Management, 25(2): 482 - 497.

ISHIGURO S, YASUDA Y, 2023. Moral hazard and subjective evaluation[J]. Journal of Economic Theory, 209: 105619.

JANSSEN O, LAM C K, HUANG X, 2010. Emotional exhaustion and job performance: the moderating roles of distributive justice and positive affect[J]. Journal of Organizational Behavior, 31(6): 787 - 809.

JANSSEN O, VLIERT E V D, VEENSTRA C, 1999. How task and person conflict shape the role of positive interdependence in management teams[J]. Journal of Management, 25(2): 117 - 141.

JAYARAMAN V, NARAYANAN S, LUO Y, et al., 2013. Offshoring business process services and governance control mechanisms: an examination of service providers from india [J]. Production & Operations Management, 22 (2): 314 - 334.

JEHN K A, 1995. A Multimethod examination of the benefits and detriments of intragroup conflict[J]. Administrative Science Quarterly, 40(2): 256 - 282.

JEHN K A, 1997. A qualitative analysis of conflict types and dimensions in organizational groups[J]. Administrative Science Quarterly, 42(3): 530 - 557.

JEHN K A, MANNIX E A, 2001. The dynamic nature of conflict: a longitudinal study of intragroup conflict and group performance [J]. Academy of Management Journal, 44(2): 238 - 251.

JEHN K A, NORTHCRAFT G B, NEALE M A, 1999. Why differences make a difference: a field study of diversity, conflict, and performance in workgroups [J]. Administrative Science Quarterly, 44(4): 741 - 763.

JIA J, LI Z, 2020. Does external uncertainty matter in corporate sustainability performance? [J]. Journal of Corporate Finance, 65: 101743.

JIANG F, JIANG X, 2018. The contingent value of resource complementarity for alliance performance: evidence from chinese manufacturing firms [J]. IEEE Transactions on Engineering Management, forthcoming.

JIANG X, JIANG F, CAI X L, et al., 2015. Howdoes trust affect alliance performance? The mediating role of resource sharing[J]. Industrial Marketing Management, 45(1): 128 - 138.

JIANG X, 2011. Theoretical perspectives of strategic alliances: a literature review and an integrative framework [J]. International Journal of Information Technology & Management, 10(2): 272 - 295.

JIANG X, JIANG F, ARIÑO A, et al., 2017. Uncertainty, adaptation, and alliance performance [J]. IEEE Transactions on Engineering Management, 64 (4): 605 - 615.

JIANG X, JIANG F, SHENG S, et al., 2021. A moderated mediation model linking entrepreneurial orientation to strategic alliance performance[J]. British Journal of Management, 32(4): 1338 - 1358.

JIANG X, LI M, GAO S, et al., 2013. Managing knowledge leakage in strategic alliances: the effects of trust and formal contracts [J]. Industrial Marketing Management, 42(6): 983 - 991.

JIANG X, LI Y, 2009. An empirical investigation of knowledge management and innovative performance: the case of alliances [J]. Research Policy, 38 (2):358 - 368.

JIANG X,LI Y,GAO S,2008. The stability of strategic alliances: characteristics, factors and stages [J]. Journal of International Management,14(2):173 - 189.

JOHNSON J P,KORSGAARD M A,SAPIENZA H J,2002. Perceived fairness, decision control, and commitment in international joint venture management teams[J]. Strategic Management Journal,23(12):1141 - 1160.

JOHNSON R E,LANAJ K,BARNES C M,2014. The good and bad of being fair: effects of procedural and interpersonal justice behaviors on regulatory resources [J]. Journal of Applied Psychology,99(4):635 - 650.

JOSHI A W, CAMPBELL A J, 2003. Effect of environmental dynamism on relational governance in manufacturer-supplier relationships: A contingency framework and an empirical test [J]. Journal of the Academy of Marketing Science,31(2):176 - 188.

JOSHI A W,STUMP R L,2010. Determinants of commitment and opportunism: integrating and extending insights from transaction cost analysis and relational exchange theory [J]. Canadian Journal of Administrative Sciences, 16 (4):334 - 352.

JUDGE W Q,DOOLEY R,2006. Strategic alliance outcomes: a transaction-cost economics perspective[J]. British Journal of Management,17(1):23 - 37.

KABANOFF B, 1991. Equity, equality, power, and conflict [J]. Academy of Management Review,16(2):416 - 441.

KALE P, DYER J H, SINGH H, 2002. Alliance capability, stock market response,and long-term alliance success: the role of the alliance function[J]. Strategic Management Journal,23(8):747 - 767.

KALE P,SINGH H,2007. Building firm capabilities through learning: the role of the alliance learning process in alliance capability and firm-level alliance success [J]. Strategic Management Journal,28(10):981 - 1000.

KALE P, SINGH H, PERLMUTTER H V, 2000. Learning and protection of proprietary assets in strategic alliances: building relational capital[J]. Strategic Management Journal,21(3):217 - 237.

KAUFMANN P J,STERN L W,1988. Relational exchange norms,perceptions of unfairness,and retained hostility in commercial litigation[J]. Journal of Conflict Resolution,32(3):534 - 552.

KAUSER S, SHAW V, 2004. The influence of behavioural and organisational characteristics on the success of international strategic alliances [J]. International Marketing Review, 21(1): 17 - 52.

KEES V D B, BRUINS J, HENK A M W, et al., 1999. Sometimes unfair procedures have nice aspects: On the psychology of the fair process effect[J]. Journal of Personality & Social Psychology, 77(2): 324 - 336.

KIM M J, KANG J, 2013. Exploration and exploitation in alliance portfolios based on network structure[C], Korean Scholars of Marketing Science International Conference.

KIM W C, MAUBORGNE R, 1998. Procedural justice, strategic decision making, and the knowledge economy [J]. Strategic Management Journal, 19 (4): 323 - 338.

KLEIN B, 1980. Transaction cost determinants of "unfair" contractual arrangements[J]. American Economic Review, 70(2): 133 - 140.

KLEINBAUM D G, KUPPER L L, MULLER K E, et al., 1998. Applied regression analysis and other multivariable methods [M]. 3rd ed. Boston: Duxbury Press.

KLIJN E, REUER J J, BOSCH F A J V D, et al., 2013. Performance implications of ijv boards: a contingency perspective[J]. Journal of Management Studies, 50 (7): 1245 - 1266.

KOGUT B, 1989. The stability of joint ventures: reciprocity and competitive rivalry[J]. Journal of Industrial Economics, 38(2): 183 - 198.

KOGUT B, ZANDER U, 1993. Knowledge of the firm and the evolutionary theory of the multinational corporation[M]. London: Longmans, Green, and Co.

KRISHNANR, GEYSKENS I, STEENKAMP J B E M, 2016. The effectiveness of contractual and trust-based governance in strategic alliances under behavioral and environmental uncertainty [J]. Strategic Management Journal, 37 (12): 2521 - 2542.

KRISHNAN R, MARTIN X, NOORDERHAVEN N G, 2006. When does trust matter to alliance performance? [J]. Academy of Management Journal, 49(5): 894 - 917.

KUMAR N, SCHEER L K, 1995. The effects of supplier fairness on vulnerable resellers[J]. Journal of Marketing Research, 32(1): 54 - 65.

KUMAR R, NTI K O, 1998. Differential learning and interaction in alliance dynamics: a process and outcome discrepancy model[J]. Organization Science, 9 (3): 356 - 367.

LACZNIAK G R, SANTOS N J C, 2011. The integrative justice model for marketing to the poor: an extension of sd logic to distributive justice and macromarketing[J]. Journal of Macromarketing, 31(2): 135 - 147.

LAMBERT D, HARRINGTON T, 1990. Measuring non-response bias in customer service mail surveys[J]. Journal of Business Logistics, 10(2): 5 - 25.

LARSON A, 1992. Network dyads in entrepreneurial settings: A study of the governance of exchange relationships[J]. Administrative Science Quarterly, 37 (1): 76 - 104.

LAVIE D, HAUNSCHILD P R, KHANNA P, 2012. Organizational differences, relational mechanisms, and alliance performance[J]. Strategic Management Journal, 33(13): 1453 - 1479.

LEE H, KIM D, SEO M, 2013. Market valuation of marketing alliances in East Asia: Korean evidence [J]. Journal of Business Research, 66(12): 2492 - 2499.

LEE J, 2013. Exploring the role of knowledge networks in perceived e-government: a comparative case study of two local governments in Korea[J]. American Review of Public Administration, 43(1): 89 - 108.

LEE Y, CAVUSGIL S T, 2006. Enhancing alliance performance: the effects of contractual-based versus relational-based governance[J]. Journal of Business Research, 59(8): 896 - 905.

LEIBLEIN M J, 2003. The choice of organizational governance form and performance: predictions from transaction cost, resource-based, and real options theories[J]. Journal of Management, 29(6): 937 - 961.

LEUNG K, WANG Z, SMITH P B, 2001. Job attitudes and organizational justice in joint venture hotels in China: the role of expatriate managers [J]. International Journal of Human Resource Management, 12(6): 926 - 945.

LEVENTHAL G S, 1980. What should be done with equity theory? [M]. New York: Springer US.

LEVIN J, 2003. Relational incentive contracts[J]. American Economic Review, 93 (3): 835 - 857.

LI D, EDEN L, HITT M A, et al., 2012. Governance in multilateral R&D alliances[J]. Organization Science, 23(4): 1191 - 1210.

LI J J, POPPO L, ZHOU K Z, 2010. Relational mechanisms, formal contracts, and local knowledge acquisition by international subsidiaries [J]. Strategic Management Journal, 31(4): 349 – 370.

LI L, JIANG F, PEI Y, et al., 2017. Entrepreneurial orientation and strategic alliance success: The contingency role of relational factors [J]. Journal of Business Research, 72(1): 46 – 56.

LI X, LIANG X, 2015. A Confucian social model of political appointments among chinese private-firm entrepreneurs [J]. Academy of Management Journal, 58 (2): 592 – 617.

LI Y, LIU Y, LIU H, 2011. Co-opetition, distributor's entrepreneurial orientation and manufacturer's knowledge acquisition: evidence from China [J]. Journal of Operations Management, 29(1): 128 – 142.

LIAO S, HSIEH C, 2010. Integrated location-inventory retail supply chain design: a multi-objective evolutionary approach [C], Asia-Pacific Conference on Simulated Evolution and Learning: 533 – 542.

LIND E A, TYLER T R, 1988. Procedural justice in organizations [M]. New York: Springer US.

LIOLIOU E, ZIMMERMANN A, WILLCOCKS L, et al., 2014. Formal and relational governance in IT outsourcing: substitution, complementarity and the role of the psychological contract [J]. Information Systems Journal, 24(6): 503 – 535.

LIU Y, LUO Y, LIU T, 2009. Governing buyer-supplier relationships through transactional and relational mechanisms: evidence from China [J]. Journal of Operations Management, 27(4): 294 – 309.

LIU Y, YUAN L I, YI-DING D U, 2004. The analysis framework for selecting the structure pattern of the strategic alliance: the concept model revealing the relationships among the resource, risk and the structure patterns [J]. Journal of Industrial Engineering & Engineering Management, 1(1): 95 – 120.

LONG Y, LI P, YOU B, 2014. Knowledge transfer, governance mechanisms in alliance and environmental uncertainty [J]. Chinese Management Studies, 8(3): 438 – 472.

LUI S S, 2009. The roles of competence trust, formal contract, and time horizon in interorganizational learning [J]. Organization Studies, 30(4): 333 – 353.

LUI S S, NGO H Y, 2004. The role of trust and contractual safeguards on cooperation in non-equity alliances [J]. Journal of Management, 30

(4):471 - 485.

LUI S S, NGO H Y, HON A H Y, 2006. Coercive strategy in interfirm cooperation: mediating roles of interpersonal and interorganizational trust[J]. Journal of Business Research, 59(4):466 - 474.

LUMINEAU F, HENDERSON J E, 2012. The influence of relational experience and contractual governance on the negotiation strategy in buyer-supplier disputes[J]. Journal of Operations Management, 30(5):382 - 395.

LUNNAN R, HAUGLAND S A, 2008. Predicting and measuring alliance performance: a multidimensional analysis[J]. Strategic Management Journal, 29 (5):545 - 556.

LUO Y, 2001. Antecedents and consequences of personal attachment in cross-cultural cooperative ventures[J]. Administrative Science Quarterly, 46(2):177 - 201.

LUO Y, 2005. How important are shared perceptions of procedural justice in cooperative alliances? [J]. Academy of Management Journal, 48(4):695 - 709.

LUO Y, 2007. The independent and interactive roles of procedural, distributive, and interactional justice in strategic alliances[J]. Academy of Management Journal, 50(3):644 - 664.

LUO Y, 2008. Procedural fairness and interfirm cooperation in strategic alliances [J]. Strategic Management Journal, 29(1):27 - 46.

LUO Y, LIU Y, YANG Q, et al., 2015. Improving performance and reducing cost in buyer - supplier relationships: The role of justice in curtailing opportunism [J]. Journal of Business Research, 68(3):607 - 615.

LUSCH R F, BROWN J R, 1996. Interdependency, contracting, and relational behavior in marketing channels[J]. Journal of Marketing, 60(4):19 - 38.

LYONS B, MEHTA J, 1997. Contracts, opportunism and trust: self-interest and social orientation[J]. Cambridge Journal of Economics, 21(2):239 - 257.

MACAULAY S, 1963. Non-Contractual relations in business: a preliminary study [J]. Peking University Law Review, 28(1):55 - 67.

MACKINNON D P, LOCKWOOD C M, HOFFMAN J M, et al., 2002. A comparison of methods to test mediation and other intervening variable effects [J]. Psychological Methods, 7(1):83 - 104.

MACNEIL I R, 1978. Contracts: adjustment of long-term economic relations under classical, neoclassical and relational contract law[J]. Northwestern University

Law Review,72(6):854 - 905.

MALHOTRA D,LUMINEAU F,2011. Trust and collaboration in the aftermath of conflict: the effects of contract structure[J]. Academy of Management Journal,54(5):981 - 998.

MAURYA D, SRIVASTAVA A K, 2020. Relationship between governance mechanisms and contract performance[J]. International journal of productivity and performance management,69(1):44 - 60.

MCEVILY B,PERRONE V,ZAHEER A,2003. Trust as an organizing principle [J]. Organization Science,14(1):91 - 103.

MCNICOLL G,1982. The new social contract:An inquiry into modern contractual relations[J]. Population and Development Review,7(3):545 - 547.

MELLEWIGT T,MADHOK A,WEIBEL A,2007. Trust and formal contracts in interorganizational relationships - substitutes and complements[J]. Managerial & Decision Economics,28(8):833 - 847.

MELLEWIGT T,MADHOK A,WELLER I,et al. ,2015. Disentangling the effect of uncertainty types on alliance governance choice[M]. New York: Social Science Electronic Publishing.

MESQUITA L F,ANAND J,BRUSH T H,2008a. Comparing the resource-based and relational views:knowledge transfer and spillover in vertical alliances[J]. Strategic Management Journal,29(9):913 - 941.

MESQUITA L F, BRUSH T H, 2008b. Untangling safeguard and production coordination effects in long-term buyer-supplier relationships[J]. Academy of Management Journal,51(4):785 - 807.

MOHR J J, GUNDLACH G T, SPEKMAN R, 1994. Legal ramifications of strategic alliances[J]. Marketing Management,3(2):38 - 46.

MOLINA-MORALES F X, MARTÍNEZ - FERNÁNDEZ M T, 2009. Too much love in the neighborhood can hurt: how an excess of intensity and trust in relationships may produce negative effects on firms[J]. Strategic Management Journal,30(9):1013 - 1023.

MÖLLER K,SVAHN S,2004. Crossing east-west boundaries:knowledge sharing in intercultural business networks[J]. Industrial Marketing Management, 33(3):219 - 228.

MOORMAN R H, BLACKELY G L, NIEHOFF B P, 1998. Does perceived organizational support mediate the relationship between procedural justice and organizational citizenship behavior? [J]. Academy of Management Journal, 41 (3): 351 - 357.

MULLER D, JUDD C M, YZERBYT V Y, 2005. When moderation is mediated and mediation is moderated[J]. Journal of Personality and Social Psychology, 89 (6): 852 - 863.

MUMFORD M D, COSTANZA D P, CONNELLY M S, et al., 1996. Item generation procedures and background data scales: implications for construct and criterion-related validity[J]. Personnel Psychology, 49(2): 361 - 398.

MUSTAKALLIO M, AUTIO E, ZAHRA S A, 2002. Relational and contractual governance in family firms: effects on strategic decision making[J]. Family Business Review, 15(3): 205 - 222.

MUTHUSAMY S K, WHITE M, 2005. Learning and knowledge transfer in strategic alliances: a social exchange view[J]. Organization Studies, 26(3): 415 - 441.

NAVARRO-GARCÍA A, ARENAS-GAITÁN J, RONDÁN-CATALUÑA F J, et al., 2016. Global model of export performance: moderator role of export department [J]. Journal of Business Research, 69(5): 1880 - 1886.

NIELSEN L B, 2010. The impact of outsourcing on investments in firm-specific human capital under varying contract regimes[C]. Paper presented in European Accounting Association 33rd Annual Congress, Istanbul.

NIESTEN E, JOLINK A, 2012. Incentives, opportunism and behavioral uncertainty in electricity industries [J]. Journal of Business Research, 65(7): 1031 - 1039.

NIESTEN E, JOLINK A, 2017. Alliance governance choices: disentangling the effects of uncertainty and alliance experience[J]. Long Range Planning, 51(2): 320 - 333.

NOOTEBOOM B, 2004. Governance and competence: how can they be combined? [J]. Cambridge Journal of Economics, 28(4): 505 - 525.

NORTH D C, 1990. Institutions, institucional change and economic performance [M]. Cambridge: Cambridge University Press.

NUNNALLY J C, 1978. Psychometric theory[M]. 2nd ed. New York: McGraw-Hill.

OLANDER H, HURMELINNA-LAUKKANEN P, BLOMQVIST K, et al., 2010. The dynamics of relational and contractual governance mechanisms in knowledge sharing of collaborative R&D projects[J]. Knowledge & Process Management,17(4):188 - 204.

OSBORN R N, HAGEDOORN J, 1997. The institutionalization and evolutionary dynamics of interorganizational alliances and networks[J]. Journal of Applied Physiology, 40(2):261 - 278.

OSHRI I, KOTLARSKY J, WILLCOCKS L P, 2015. The handbook of global outsourcing and offshoring: the definitive guide to strategy and operations[J]. Palgrave Macmillan, 4(2):17 - 21.

OXLEY J E, 1997. Reprinted article appropriability hazards and governance in strategic alliances: a transaction cost approach[J]. Journal of Law Economics & Organization, 13(2):387 - 409.

OXLEY J E, 1999. Institutional environment and the mechanisms of governance: the impact of intellectual property protection on the structure of inter-firm alliances[J]. Journal of Economic Behavior & Organization, 38(3):283 - 309.

PANOVA A A, 2018. Transaction cost theory: origin and development [J]. Economic policy, 4:90 - 107.

PARKHE A, 1993a. "Messy" research, methodological predispositions, and theory development in international joint ventures [J]. Academy of Management Review, 18(2):227.

PARKHE A, 1993b. Srategic alligance structuring: a game theoretic and transaction cost examination of inerfirm cooperation [J]. Academy of Management Journal, 36(4):794 - 829.

PATIENT D L, SKARLICKI D P, 2010. Increasing interpersonal and informational justice when communicating negative news: the role of the manager' s empathic concern and moral development [J]. Journal of Management, 36(2):555 - 578.

PAULRAJ A, LADO A A, CHEN I J, 2008. Inter-organizational communication as a relational competency: antecedents and performance outcomes in collaborative buyer-supplier relationships [J]. Journal of Operations Management, 26(1):45 - 64.

PLAMBECK E L, TAYLOR T A, 2006. Partnership in a dynamic production system with unobservable actions and noncontractible output[J]. Management Science, 52(10):1509 - 1527.

PODSAKOFF P M, MACKENZIE S B, LEE J Y, et al., 2003. Common method biases in behavioral research: a critical review of the literature and recommended remedies[J]. Journal of Applied Psychology,88(5):879-903.

PODSAKOFF P M,ORGAN D W,1986. Self-Reports in organizational research: problems and prospects[J]. Journal of Management,12(4):531-544.

POPPO L,ZENGER T R,2002. Do formal contracts and relational governance function as substitutes or complements[J]. Strategic Management Journal,23(8):707-725.

POPPO L,ZHOU K Z,2014. Managing contracts for fairness in buyer-supplier exchanges[J]. Strategic Management Journal,35(10):1508-1527.

POPPO L,ZHOU K Z,RYU S,2008a. Alternative origins to interorganizational trust:an interdependence perspective on the shadow of the past and the shadow of the future[J]. Organization Science,19(1):39-55.

POPPO L,ZHOU K Z,ZENGER T R,2008b. Examining the conditional limits of relational governance: specialized assets, performance ambiguity, and long-standing ties[J]. Journal of Management Studies,45(7):1195-1216.

PREACHER K J, RUCKER D D, HAYES A F, 2007. Addressing moderated mediation hypotheses: theory, methods, and prescriptions [J]. Multivariate Behaviral Research,42(1):185-227.

PURANAM P, VANNESTE B S, 2009. Trust and governance: untangling a tangled web[J]. Academy of Management Review,34(1):11-31.

RAHIM M A, 1986. Referent role and styles of handling interpersonal conflict [J]. Journal of Social Psychology,126(1):79-86.

REUER J J,ARIÑO A,2002. Contractual renegotiations in strategic alliances[J]. Journal of Management,28(1):47-68.

REUER J J, ARIÑO A, 2007. Strategic alliance contracts: dimensions and determinants of contractual complexity[J]. Strategic Management Journal,28(3):313-330.

REUER J J, ARIÑO A, MELLEWIGT T, 2009. Entrepreneurial alliances as contractual forms[J]. Journal of Business Venturing,21(3):306-325.

RINDFLEISCH A,HEIDE J B,1997. Transaction cost analysis:past,present,and future applications[J]. Journal of Marketing,61(4):30-54.

RING P S, VEN A H V D, 1994. Developmental processes of cooperative interorganizational relationships[J]. Academy of Management Review,19(1):90-118.

ROBBINS S P, 2014. Essentials of organizational behavior: 12th edition[M]. Journal Record, the oklahoma City.

ROBSON M J, KATSIKEAS C S, BELLO D C, 2008. Drivers and performance outcomes of trust in international strategic alliances: the role of organizational complexity[J]. Organization Science, 19(4): 647 - 665.

ROY J L, BASTOUNIS M, POUSSARD J M, 2012. Interactional justice and counterproductive work behaviors: the mediating role of negative emotions[J]. Social Behavior and Personality An International Journal, 40(8): 1341 - 1356.

ROY S, SIVAKUMAR K, WILKINSON I F, 2004. Innovation generation in supply chain relationships: a conceptual model and research propositions[J]. Journal of the Academy of Marketing Science, 32(1): 61 - 79.

RYALL M D, SAMPSON R C, 2009. Formal contracts in the presence of relational enforcement mechanisms: evidence from technology development projects[J]. Management Science, 55(6): 906 - 925.

SALBU S R, 2010. Evolving contract as a device for flexible coordination and control[J]. American Business Law Journal, 34(3): 329 - 384.

SAMAHA S A, PALMATIER R W, DANT R P, 2011. Poisoning relationships: perceived unfairness in channels of distribution[J]. Journal of Marketing, 75(3): 22 - 2429.

SANTORO M D, MCGILL J P, 2005. The effect of uncertainty and asset co-specialization on governance in biotechnology alliances [J]. Strategic Management Journal, 26(13): 1261 - 1269.

SAUSSIER S, MASTEN S E, 2002. Econometrics of contracts: an assessment of developments in the empirical literature on contracting: an assessment of developments in the empirical literature on contracting[J]. Revue D Économie Industrielle, 92(1): 215 - 236.

SAXTON T, 1997. The effects of partner and relationship characteristics on alliance outcomes[J]. Academy of Management Journal, 40(2): 443 - 461.

SCHEPKER D J, OH W-Y, MARTYNOV A, et al., 2014. The many futures of contracts: moving beyond structure and safeguarding to coordination and adaptation[J]. Journal of Management, 40(1): 193 - 225.

SCHILKE O, COOK K S, 2015. Sources of alliance partner trustworthiness: integrating calculative and relational perspectives[J]. Strategic Management Journal, 36(2): 276 - 297.

SCHREINER M, KALE P, CORSTEN D, 2009. What really is alliance management capability and how does it impact alliance outcomes and success? [J]. Strategic Management Journal, 30(13): 1395 - 1419.

SCHWEIGER D M, SANDBERG W R, RECHNER P L, 1989. Experiential effects of dialectical inquiry, devil's advocacy, and consensus approaches to strategic decision making[J]. Academy of Management Journal, 32(4): 745 - 772.

SCOTT C, GERARDI D, 2011. A strategic approach for managing conflict in hospitals: responding to the joint commission leadership standard, part 1[J]. The Joint Commission Journal on Quality and Patient Safety, 37(2): 59 - 69.

SKARLICKI D P, FOLGER R, 1997. Retaliation in the workplace: the roles of distributive, procedural, and interactional justice[M]. Sydney: ABACUS. [J]. Journal of Applied Psychology, 82(3): 434 - 443.

SLATER S, ROBSON M J, 2012. Social capital in Japanese-Western alliances: understanding cultural effects[J]. International Marketing Review, 29(1): 6 -23.

SONG M, DYER B, THIEME R J, 2006. Conflict management and innovation performance: an integrated contingency perspective[J]. Journal of the Academy of Marketing Science, 34(3): 341.

SPEKMAN R E, 1998. Alliance management: a view from the past and a look to the future[J]. Journal of Management Studies, 35(6): 747 - 772.

SUNDARAMURTHY C, LEWIS M, 2003. Control and collaboration: paradoxes of governance[J]. Academy of Management Review, 28(3): 397 - 415.

SWEENEY P D, MCFARLIN D B, 1993. Workers' evaluations of the "ends" and the "means": an examination of four models of distributive and procedural justice [J]. Organizational Behavior & Human Decision Processes, 55 (1): 23 - 40.

SZULANSKI G, CAPPETTA R, JENSEN R J, 2004. When and how trustworthiness matters: knowledge transfer and the moderating effect of causal ambiguity[J]. Organization Science, 15(5): 600 - 613.

THIBAUT J, WALKER L, 1978. A theory of procedure [J]. California Law Review, 66(3): 541 - 566.

Thomas KW, 1992. Conflict and conflict management: reflections and update[J]. Journal of Organizational Behavior, 13(3): 265 - 274.

TIWANA A, 2010. Systems development ambidexterity: explaining the complementary and substitutive roles of formal and informal controls [J].

Journal of Management Information Systems,27(2):87 - 126.

TJOSVOLD D, DANN V, WONG C, 1992. Managing conflict between departments to serve customers[J]. Human Relations,45(10):1035 - 1054.

TJOSVOLD D, HUI C, DING D Z, et al., 2003. Conflict values and team relationships: conflict's contribution to team effectiveness and citizenship in China[J]. Journal of Organizational Behavior,24(1):69 - 88.

TOURANGEAU R,RIPS L J,RASINSKI K A,2000. The psychology of survey response[M]. Cambridge:Cambridge University Press.

UZZI B,1997. Social structure and competition in interfirm networks:the paradox of embeddedness[J]. Administrative Science Quarterly,42(1):35 - 67.

VANNESTE B S, FRANK D, 2014a. Forgiveness in vertical relationships: incentive and termination effects[J]. Organization Science,25(6):1807 - 1822.

VANNESTE B S,PURANAM P,KRETSCHMER T,2014b. Trust over time in exchange relationships: meta - analysis and theory[J]. Strategic Management Journal,35(12):1891 - 1902.

VLAAR P W L,VAN D B,FRANS A J,et al.,2007. On the evolution of trust, distrust, and formal coordination and control in interorganizational relationships: towards an integrative framework[J]. Group & Organization Management,32(4):407 - 429.

VRANDE V V D, VANHAVERBEKE W, DUYSTERS G, 2009. External technology sourcing: the effect of uncertainty on governance mode choice[J]. Journal of Business Venturing,24(1):62 - 80.

WALKER G, WEBER D, 1987. Supplier competition, uncertainty, and make-or-buy decisions[J]. Academy of Management Journal,30(3):589 - 596.

WALLENBURG C M, SCHÄFFLER T, 2014. The interplay of relational governance and formal control in horizontal alliances: a social contract perspective[J]. Journal of Supply Chain Management,50(2):41 - 58.

WALUMBWA F O, HARTNELL C A, OKE A, 2010. Servant leadership, procedural justice climate, service climate, employee attitudes, and organizational citizenship behavior: a cross-level investigation[J]. Journal of Applied Psychology,95(3):517 - 529.

WANG E T G, WEI H L, 2010. Interorganizational governance value creation: coordinating for information visibility and flexibility in supply chains[J]. Decision Sciences,38(4):647 - 674.

WANG L, YEUNG J H Y, ZHANG M, 2011. The impact of trust and contract on innovation performance: the moderating role of environmental uncertainty[J]. International Journal of Production Economics, 134(1): 114-122.

WEBER L, MAYER K J, 2011. Designing effective contracts: exploring the influence of framing and expectations[J]. Academy of Management Review, 36(1): 53-75.

WEST M A, ANDERSON N R, 1996. Innovation in top management teams[J]. Journal of Applied Psychology, 81(6): 680-693.

WETERINGS A, KOSTER S, 2007. Inheriting knowledge and sustaining relationships: what stimulates the innovative performance of small software firms in the netherlands? [J]. Research Policy, 36(3): 320-335.

WILLIAMSON O E, OUCHI W G. 1981. The markets and hierarchies program of research: origins, implications, prospects [M]//VAN DE VEN A H, JOYCE W F. Perspectives on organization design and behavior. New York: Wiley: 347-370.

WILLIAMSON O E, 1978. Markets and hierarchies: analysis and antitrust implications: a study in the economics of internal organization[M]. New York: Free Press.

WILLIAMSON O E, 1985. The economic institutions of capitalism. firms, markets, relational contracting[J]. Austrialian Journal of Management, 32(4): 61-75.

WILLIAMSON O E, 1991. Comparative economic organization: the analysis of discrete structural alternatives [J]. Administrative Science Quarterly, 36(2): 269-296.

WOOLTHUIS R K, HILLEBRAND B, NOOTEBOOM B, 2005. Trust, contract and relationship development[J]. Organization Studies, 26(6): 813-840.

WUYTS S, GEYSKENS I, 2005. The formation of buyer-supplier relationships: detailed contract drafting and close partner selection[J]. Journal of Marketing, 69(4): 103-117.

XIN K R, PEARCE J L, 1996. Guanxi: connections as substitutes for formal institutional support[J]. Academy of Management Journal, 39(6): 1641-1658.

YANG C, WACKER J G, SHEU C, 2012. What makes outsourcing effective? A transaction-cost economics analysis [J]. International Journal of Production Research, 50(16): 4462-4476.

YANG Z,ZHOU C,JIANG L,2011. When do formal control and trust matter? A context-based analysis of the effects on marketing channel relationships in China[J]. Industrial Marketing Management,40(1):86 - 96.

YATES J F,STONE E R,1992. The risk construct[M]. NewYork:JohnWiley:1 - 25.

YILMAZ C,SEZEN B,KABADAY E T,2004. Supplier fairness as a mediating factor in the supplier performance-reseller satisfaction relationship[J]. Journal of Business Research,57(8):854 - 863.

ZAHEER A,MCEVILY B,PERRONE V,1998. Does trust matter? exploring the effects of interorganizational and interpersonal trust on performance [J]. Organization Science,9(2):141 - 159.

ZAHEER A, VENKATRAMAN N, 1995. Relational governance as an interorganizational strategy:an empirical test of the role of trust in economic exchange[J]. Strategic Management Journal,16(5):373 - 392.

ZHANG Q, ZHOU K Z, 2013. Governing interfirm knowledge transfer in the chinese market:the interplay of formal and informal mechanisms [J]. Industrial Marketing Management,42(5):783 - 791.

ZHOU K Z, POPPO L, 2010. Exchange hazards, relational reliability, and contracts in China: the contingent role of legal enforceability[J]. Journal of International Business Studies,41(5):861 - 881.

ZHOU K Z,POPPO L,YANG Z,2008. Relational ties or customized contracts? an examination of alternative governance choices in china [J]. Journal of International Business Studies,39(3):526 - 534.

ZHOU K Z,XU D,2012. How foreign firms curtail local supplier opportunism in China:detailed contracts, centralized control, and relational governance [J]. Journal of International Business Studies,43(7):677 - 692.

ZHOU K Z,ZHANG Q,SHENG S,et al. ,2014. Are relational ties always good for knowledge acquisition? Buyer-supplier exchanges in China[J]. Journal of Operations Management,32(3):88 - 98.